Rechtschreibung verstehen und üben

lernserver
Individuelle Förderung

Fördersequenzen

Der Lehrgang für Jugendliche
und junge Erwachsene

1 Umlautableitung
Auslautableitung

Petra Schönweiss · Christian Kowalski · Friedrich Schönweiss (Hg.), Universität Münster

Impressum

Fördersequenz, Band 1
Umlautableitung und Auslautableitung

Herausgeber:
Prof. Dr. Friedrich Schönweiss
Abteilung Neue Technologien im Bildungs- und Sozialwesen/Medienpädagogik
Fachbereich Erziehungswissenschaft und Sozialwissenschaften
Westfälische Wilhelms-Universität Münster
Georgskommende 14
48143 Münster
Tel.: 0251 83 28409
Fax: 0251 83 21206
www.lernserver.de
info@lernserver.de

Verlag:
Lernserver-Institut • Verlag für Bildungsmedien GmbH
Georgskommende 9
48143 Münster
info@lernserver-shop.de

Autorin: Petra Schönweiss unter Mitarbeit von Christian Kowalski, Münster
Lektorat: Holger Koers, Münster
Illustrationen: Petra Schönweiss, Münster
Design und Druckvorbereitung: Marina Forstmann, Spelle

Mit freundlicher Unterstützung der Sparkasse Stadtlohn und der St.-Anna-Realschule, Stadtlohn.

2. Auflage 2014

ISBN 978-3-940876-45-4

Inhaltsverzeichnis Band 1

Umlautableitung und Auslautableitung

Sehr geehrte Lehrkräfte und Eltern,
liebe Lernserver-Kooperationspartner,

wir freuen uns, Ihnen mit unseren *„Fördersequenzen“* die zentralen Rechtschreibbereiche der deutschen Orthographie nun auch für *Jugendliche und junge Erwachsene* zur Verfügung stellen zu können. Sie halten damit in kompakter Form einen strukturierten Lehrgang in Händen, der sowohl im regulären Unterricht als auch in der individuellen Förderung oder zuhause eingesetzt werden kann.

Einsatzbereiche und Förderszenarien

In abwechslungsreicher Form werden unterschiedliche methodische Zugänge zum Lernstoff unterstützt, vom Lehrervortrag über die Gruppen- oder Partnerarbeit, bis hin zum selbstständigen Lernen. Mit ihrer Kombination aus *Entdecken, Verstehen und Üben* können die *Fördersequenzen* auf unterschiedliche Weise genutzt werden.

- Für den regulären Unterricht eignen sie sich als **strukturierter Lehrgang**.
- In Verbindung mit der Lernserver-Diagnostik können im Klassenverband die Fehlerschwerpunkte der Schüler ermittelt werden, um daran anknüpfend **einzelne Bereiche gemeinsam** zu erarbeiten oder in Form der **Binnendifferenzierung** zu festigen.
- Im Rahmen von **Förderstunden** lassen sich gezielt kleinere oder größere Lücken schließen.
- **Zuhause** können sie in Ergänzung zum Unterricht oder als eigenständiger Kurs genutzt werden. In manchen Fällen, insbesondere bei jüngeren Schülern, ist die begleitende Unterstützung durch die Eltern empfehlenswert.

Was die ***Förderung* von Schülern mit *größeren Problemen*** angeht, sollte mithilfe der Lernserver-Diagnostik (MRA 7+) ein *individuelles Leistungsprofil* erstellt werden. Zeigt dieses Profil an, dass der Schüler den Grundlegenden Bereich der Rechtschreibung beherrscht und nur innerhalb bestimmter Regelbereiche unsicher ist, können die *Fördersequenzen* entsprechend der ermittelten Fehlerarten eingesetzt werden. Sofern allerdings im Rahmen der Lernserver-Diagnostik für den Grundlegenden Bereich (insbesondere auf der Ebene der Laut-Zeichen-Zuordnung, also z.B. der Fähigkeit, einzelne Laute differenzieren und mit den entsprechenden Schriftzeichen verschriften zu können) massivere Probleme festgestellt werden, empfiehlt es sich, auf die Lernserver-Teststufe 5/6 zurückzugehen und den entsprechend der Testergebnisse zusammengestellten individuellen Förderplan dieser Stufe mit dem Schüler durchzuarbeiten.

Inhalte

Jede Fördersequenz beinhaltet *ein* wichtiges Rechtschreibthema. Insgesamt liegen bis jetzt neun Sequenzen in fünf Bänden vor:

- Umlautableitung
- Auslautableitung
- Betonung
- Dopplung
- S-Laute
- Dehnung
- Der lange i-Laut
- Großschreibung
- Gleichklingende Buchstabengruppen

Aufbau

Alle *Fördersequenzen* sind mit kleinen Abweichungen nach folgendem Muster aufgebaut:

- Einführung des Themas (Problemerkennung)
- Erklärung der orthographischen Gesetzmäßigkeit
- Übungen (Lückenwörter, Lückentexte, Diktate, Rätsel usw.)
- Kennenlernen der Ausnahmen (Merkwörter)
- Vertiefende Übungen und Wiederholungen
- Informeller Abschlusstest

Zu jeder Übung gehört ein Lösungsblatt, das zudem auch häufig „Hinweise für den Lehrenden" beinhaltet, in denen Erklärungen zur Didaktik, Wissenswertes zum jeweiligen Thema oder auch Tipps für vertiefende Aufgaben angeboten werden.

Methodik

Wie in der gesamten Lernserver-Förderung zielt auch die Methodik der *Fördersequenzen* darauf ab, den Schüler zum Erkunden und Durchschauen der orthographischen Gesetzmäßigkeiten anzuregen. Ihm soll mit der Aneignung von Regelwissen eine verlässliche Alternative zum reinen Einprägen des Wortbilds geboten werden, so dass er bei unbekannten oder mangelhaft gespeicherten Wörtern die Möglichkeit hat, sich die Schreibung mittels geeigneter Strategien *selbst* herzuleiten.
Zudem erhält der Schüler die Chance, Ordnung und Struktur in die schier unüberschaubare Vielfalt von Schreibungen zu bringen, die ihn vielleicht schon in den vergangenen Jahren an der Rechtschreibung und vor allem an sich selbst zweifeln ließ.
Mithilfe der vorliegenden Übungen aber kann ihm nachvollziehbar gemacht werden, dass der Kern der Orthographie logisch und damit auch erlernbar ist, und dass nur die „äußeren" Bereiche sich den Regeln entziehen (und deshalb als Merkwörter gelernt werden müssen). Er erfährt, dass er durchaus dazu fähig ist, über die einzelnen orthographischen Phänomene zu reflektieren; er erkennt Regelmäßigkeiten und Zusammenhänge, er lernt Analogien zu bilden und Transferleistungen zu erbringen. Dies alles schafft Sicherheit, Erfolgserlebnisse und damit auch die nötige Motivation, sich mit dem Kapitel Rechtschreibung überhaupt noch befassen zu wollen.

Um eventuellen Missverständnissen vorzubeugen: Die kognitive Herangehensweise an die Rechtschreibung, bei der durch Regelwissen die korrekte Schreibung eines Wortes herausgefunden wird, enthebt den Schüler keinesfalls von der Notwendigkeit, häufig und viel zu lesen und zu schreiben. Nur in der regelmäßigen Anwendung und mit Üben und Automatisieren des Gelernten erreicht er das Ziel, die Regeln nicht mehr bewusst anwenden zu müssen, sondern nur noch als letzte Sicherheit für besonders schwierige Wörter in der Hinterhand zu haben. Mangelnde Automatisierung ist oft der Grund dafür, dass das erworbene Wissen in Diktaten oder Aufsätzen nicht in gewünschtem Maße eingesetzt werden kann und deshalb auch nicht zu einer Notenverbesserung führt. Der große Unterschied zum stumpfen Einprägen des Wortbildes ist aber der, dass der Schüler mit seinem Regelwissen dazu in die Lage versetzt wird, seine Fehler *selbst* zu erkennen, einzuordnen und zu verbessern. Er kennt nun die *Gründe*, warum ein Wort so und nicht anders geschrieben wird, und ist damit nicht mehr nur auf Treu und Glauben und auf ein gutes Wortbildgedächtnis angewiesen.
In aller Konsequenz muss es dem Schüler jedoch trotz allem gelingen, einen ausreichend großen Wortschatz in seinem lexikalischen Gedächtnis zu speichern, damit er die Schriftsprache auch hinsichtlich der erforderlichen Schnelligkeit angemessen anwenden kann.

Voraussetzungen

Das Schreiben *lauttreuer* Wörter sollte beherrscht werden. Diese Fähigkeit ist mithilfe der Lernserver-Diagnostik einfach und schnell ermittelbar: Hat ein Schüler im Test noch viele Fehler gemacht, die im Leistungsprofil dem *Grundlegenden Bereich* zugeordnet wurden, muss zunächst ausreichende Sicherheit innerhalb des lautanalytischen Rahmens erlangt werden, bevor der Schüler mit den „Regeln" konfrontiert wird. Dies gilt für *alle Lerner*, auch wenn dies oft zunächst weder von den älteren Schülern selbst noch von den Lehrern oder Eltern als notwendig oder sinnvoll erachtet wird. Der Vergleich mit der Mathematik mag zum besseren Verständnis dienen: Es käme keinem Pädagogen in den Sinn, einem Kind das Bruchrechnen beibringen zu wollen, ohne dass es vorher genügend Erfahrung mit Zählen, Addieren, Subtrahieren, Multiplizieren und Dividieren sammeln konnte. Sehr ähnlich ist es aber mit dem Schreiben:
Die Beherrschung des lauttreuen Bereichs ist das *Fundament* des Schriftsprachgebäudes, auf dem die weiteren Stockwerke aufgebaut werden können. Wenn aber schon das Fundament wackelt, ist es schwierig bis unmöglich, darauf ein sicheres Haus mit mehreren Stockwerken aufzubauen. Dies wird umso deutlicher, wenn man sich bewusst macht, welch elementare Themen der *Grundlegende Bereich* eigentlich umfasst. Es geht dabei beispielsweise um die Umsetzung von Lauten in Buchstaben, um die akustische Identifikation von Lauten und die optische Identifikation von Zeichen, um die akustische und optische Differenzierung ähnlicher Laute, um die vollständige Durchgliederung eines Wortes, ohne dass Buchstaben und Silben ausgelassen oder hinzuzugefügt oder in falscher Reihenfolge niedergeschrieben werden, oder um die Schreibung von selteneren Zeichen wie qu. (Für diese elementaren Schritte im Schriftspracherwerb stehen zurzeit Lernserver-Fördermaterialien bis Klasse 6 zur Verfügung.)

Erst wenn ein Schüler alle oben genannten Fertigkeiten bereits in ausreichendem Maße erwerben konnte, ist die Arbeit mit Regeln, beispielsweise zur Dopplung oder Dehnung, die vom Lerner durchaus anspruchsvolle Wahrnehmungsfähigkeiten und Handlungen verlangen, sinnvoll und erfolgversprechend.
Es muss also erst die *Basis* geschaffen werden. Dazu gehört auch, dass der Schüler zumindest langsam, aber korrekt lesen kann.
Des Weiteren muss er Vokale (a, e, i, o, u), Konsonanten (alle anderen Laute) und Diphthonge (au, ei, eu, äu, ai) benennen und unterscheiden können.
Außerdem ist die Fähigkeit erforderlich, in einem Wort den *betonten Vokal* aufzuspüren und seine Klangqualität herauszufinden, da darauf die wichtigsten orthographischen Regeln aufbauen. Der *Betonung* ist deshalb eine eigene Fördersequenz gewidmet. Sie muss auf alle Fälle *vor* den Themen „Dopplung", „S-Laute" und „Dehnung" bearbeitet werden.

Handhabung der Materialien

Zu Themen, bei denen es uns erforderlich schien, gibt es zu Beginn der Sequenz ein Blatt mit *einführendem Hintergrundwissen* für die Lehrkraft (bzw. die betreuende Person). Auch wird an dieser Stelle das inhaltliche „Warum" und „Wie" der Übungen aufgezeigt, damit sich der Lehrende einen Wissensvorsprung aneignen kann, um für eventuell auftauchende Fragen des Schülers gewappnet zu sein.
An dieser Stelle möchten wir aber gerne darauf hinweisen, dass es keine Schande ist, wenn man auch als Lehrkraft nicht auf alle Fragen eine Antwort parat hat. Vor allem bei der Großschreibung gibt es genügend Spitzfindigkeiten, die ein **Nachschlagen im Wörterbuch** notwendig machen können. Oftmals entlastet es sogar das Verhältnis Lehrer-Schüler, wenn sich der Lehrer nicht als perfekter Alleskönner präsentiert, sondern als menschliches Wesen, in dessen Natur es liegt, eben *nicht* alles zu wissen und auch Fehler zu machen. Nobody is perfect. Wichtig ist allerdings, dass man zumindest weiß oder lernt, wo und wie man sich schlaumachen kann. Das Nachschlagen und Überprüfen eines schwierigen Falls kann dann durchaus zusammen mit den Schülern erfolgen. Auf diese Weise lernen alle etwas dazu.

Jede Regel wird, sofern es sinnvoll und möglich ist, über eine **Problemstellung** eingeführt. Mithilfe von gezielten Fragen soll der Schüler vorzugsweise *selbst* auf die Lösung des Problems kommen und sich den Regel-Merksatz erarbeiten. Hier ist es für den weiteren Verlauf des Lernens wichtig, dass die betreuende Person prüft, ob der Schüler das Grundlegende der Themeneinführung verstanden hat und weiß, worum es bei der jeweiligen Fördersequenz gehen wird.

Die weiteren Arbeitsblätter sind zum **selbstständigen oder aber auch zum gemeinsamen Anwenden** und Vertiefen des Rechtschreibprinzips gedacht. Ob ein Schüler in weiten Teilen allein üben und daraus auch den größtmöglichen Nutzen ziehen kann, muss dem Gespür der betreuenden Person überlassen bleiben. Natürlich ist bei älteren Schülern ein selbstständiges Arbeiten anzustreben, allerdings muss stets darauf geachtet werden, ob die Arbeitsanweisung verstanden wurde und ob das, was bereits als gefestigt vorausgesetzt ist, wirklich im Einzelfall unterstellt werden kann. Erfahrungsgemäß hilft es Schülern mit größeren Problemen wenig bis nichts, wenn sie auch im Förderunterricht auf sich allein gestellt sind und keiner nachprüft, welche individuellen Fortschritte sie machen oder an welcher Stelle man ihnen gezielt unter die Arme greifen müsste.
Manche Übungen gibt es in **drei verschiedenen Schwierigkeitsstufen**. Sie sind gekennzeichnet durch die ausgefüllten Rauten in den oberen Ecken der Übungsseiten und unterscheiden sich meist in der Aufgabenlänge und der Anzahl der Übungswörter.

Bitte beachten Sie auch, dass die *Fördersequenzen* als ***Grundgerüst*** zu verstehen sind, das die notwendigen Bestandteile eines in unserem Sinne idealtypischen Curriculums durchläuft, das aber von Ihnen beliebig erweitert oder verkürzt werden kann, je nachdem, wie rasch ein Schüler einen Bereich beherrscht. Der eine versteht es schneller, der andere braucht etwas länger – die Menschen sind einfach unterschiedlich. Es sollte aber jeder die Möglichkeit erhalten, eine in unserer Gesellschaft derart wichtige Kulturtechnik wie das Schreiben so zu erlernen, dass er im alltäglichen Leben gut zurechtkommt und den von ihm angestrebten Beruf gemäß seiner sonstigen Begabungen ergreifen kann. In vielen Fällen bedeutet das, dass den Lernenden mehr Zeit eingeräumt werden muss – eigentlich eine Selbstverständlichkeit, die zu einer „individuellen" Förderung dazugehört.
Wenn Sie also zusätzliche Übungen anbieten müssen, kann das in Form von Wortdiktaten geschehen oder durch die Wiederholung von Übungseinheiten mit anderem Wortmaterial. Sie können natürlich auch die in der Sequenz vorkommenden Wortbeispiele in andere Übungsformen kleiden. Oftmals werden in den

Sequenzen Spiele oder Wettbewerbe beschrieben, die so lange wiederholt werden können, bis ein Thema wirklich sitzt.

Sinnvoll ist es auf alle Fälle, nach dem Abschlusstest am Ende jeder Sequenz **freie Texte** oder **Aufsätze** verfassen zu lassen, um überprüfen zu können, ob das Gelernte auch in komplexeren Schreibsituationen sicher angewendet werden kann.

Ganz allgemein gilt: Lieber weniger an einem Tag üben, dafür aber mit Sinn und Verstand! Bitte gehen Sie dergestalt auf den Schüler ein, dass er die Arbeitsblätter nicht möglichst schnell „abhakt", sondern dass er ein Thema mit der **höchstmöglichen Aufmerksamkeit** angeht und somit auch eine größere Chance hat, es kognitiv und nachhaltig zu durchdringen. Honorieren Sie schon die Bemühungen, sich ernsthaft mit einem Sachverhalt auseinanderzusetzen, auch wenn die Aufgabe nicht fehlerfrei gelingt.
Bewährt hat es sich, die Schüler dazu anzuhalten, die erarbeiteten Blätter in einem Ordner abzuheften und als Dokumentation ihres Lernfortschritts wertzuschätzen.

Übungsformen

Wir haben uns bemüht, auch für die älteren Schüler abwechslungsreiche Übungsformen anzubieten (Lückentexte, Rätsel, Partnerarbeit, Quiz, Diktate usw.). Die Form sollte aber dabei nicht gegen den Inhalt ausgespielt werden, d.h. dass es für manche Themen nicht viele sinnvolle Übungsgestaltungen gibt.

Lückenwörter und **Lückentexte** stellen deshalb den Hauptanteil dar. Sie sind für den Einstieg in ein Thema eine sinnvolle Arbeitsform, weil der Schüler seine Aufmerksamkeit nur auf ein bestimmtes Phänomen fokussieren muss, z.B. auf die Entscheidung „äu oder eu". Es wird ihm also erspart, noch zusätzlich darauf zu achten, ob etwa ein gedoppelter Konsonant oder eher ein Dehnungszeichen richtig wäre. Schüler mit größeren Problemen können dies als sehr entlastend empfinden.
Praktisch sind Lücken auch deswegen, weil sie ein selbstständiges Arbeiten gewährleisten: Es kann ganz gezielt ein bestimmtes Rechtschreibphänomen abgefragt werden, ohne dass eine weitere Person anwesend sein und diktieren müsste. Vor allem in einer Fördergruppe, in der die Lehrkraft oft Schüler auf unterschiedlichem Niveau zu betreuen hat, ist das laute Diktieren nicht immer zweckmäßig.
Wenn Sie es für sinnvoll erachten, können Sie die Lückenwörter aber am Ende der Übung natürlich zusätzlich ins Heft schreiben lassen.

Die Übung „**Wortverwandte suchen**" ist sehr häufig vertreten. Erstens werden dadurch die Zusammenhänge zwischen den Wörtern einer Familie sichtbar, was viele Aha-Erlebnisse auslöst und die Schreibung erleichtert (fahren-Gefährt-Fuhre; Bauch-bäuchlings). Und zweitens wird der Sprachschatz auf eine nicht zu unterschätzende Weise erweitert – angesichts der zahlreichen Kürzel und des recht eigenwilligen Sprachcodes, der den mündlichen wie schriftlichen Umgang von Jugendlichen häufig bestimmt, eine nicht nur für Schüler mit anderer Muttersprache dringend gebotene Aufgabe.

Die Form des **Rätsels** dient der Auflockerung und ermöglicht ebenfalls das Schreiben eines ganzen Wortes, ohne dass diktiert werden müsste. Vorausgesetzt natürlich, das Rätsel selbst wird gelöst. Manche Schüler jedoch werden durch die Verdopplung der Aufgabenstellung überfordert – entweder bleibt die richtige Lösung des Rätsels auf der Strecke oder die angestrebte „Recht"schreibung. Aus diesen Gründen hält sich diese Übungsform in Grenzen.

Schreib- oder sonstige **Spiele** kommen vor, allerdings nicht allzu häufig, da die vorliegenden Sequenzen für ältere Schüler gedacht sind, die sich von dieser Übungsform oft nicht mehr angesprochen fühlen.

Diktate sind letztlich unerlässlich, sollten aber nicht als Bewertungsinstrument im selektiven Sinn genutzt werden, sondern als Möglichkeit, das Gelernte in verschiedenen Schwierigkeitsstufen *informell* zu testen.

Umgang mit Fehlern

Fehler sind nicht einfach nur „falsch", sondern in jedem von ihnen steckt eine Denkleistung – auch wenn das Ergebnis nicht der Norm entspricht. Wer inkorrekte Schreibungen „lesen" kann, dem erzählen sie, wo der Denkfehler des Schreibers steckt, welche Strategie er verkehrt angewandt hat oder welche Wissenslücke noch nicht geschlossen werden konnte.

Was nützt es also, Fehler nur rot anzustreichen, zu zählen und daraus eine Note zu basteln, wo doch genau hier eine so offensichtliche Möglichkeit schlummert, dem Schreiber sinnvoll zu helfen? Wäre es nicht besser, die Fehler als Anstoß dafür zu nehmen, den Sachverhalt, um den es dabei geht, noch einmal intensiv zu besprechen? Fragen wie: „Warum ist es nicht ganz richtig, was du hier geschrieben hast? Mit welcher Schwierigkeit haben wir es bei diesem Wort zu tun? Welche Regel kann helfen? Handelt es sich um ein Wort, das mit der Regel erklärt werden kann, oder um ein Merkwort?" bringen den Schüler dazu, über seine Schreibung nachzudenken, die Regel zu memorieren und sich in vielen Fällen selbst zu korrigieren. Genau das schafft aber den Ansporn, sich mit einem Thema zu beschäftigen und sich nicht lieber der ganzen Anstrengung zu entziehen, weil im Heft mal wieder alles rot ist und die schlechte Note als abstrakte Quintessenz der vorangegangenen Bemühungen anklagend im Raum steht.
Damit ein Schüler also wirklich aus seinen Fehlern lernen kann, muss der Lehrende sie inhaltlich ernst nehmen und als Ausgangspunkt für ein sachliches Gespräch nehmen. Auf diese Weise wird ein Fehler selbst in der Gruppe nicht als Peinlichkeit, Makel oder Stigma empfunden, sondern kann als der geltenden Norm nicht angemessene „Regelvariante" leidenschaftslos betrachtet und von der ganzen Runde nach bestem Wissen analysiert werden.

Der Anspruch des Lehrenden

Vor allem bei der Arbeit mit Schülern, die große Schwierigkeiten in der Rechtschreibung haben, ist es wichtig, dass man den eigenen Anspruch auf Perfektion etwas herunterschraubt. Es sollte nicht darum gehen, dass ein Schüler nach dem Bearbeiten der Materialien völlig fehlerfrei schreibt, sondern das Ziel sollte zunächst sein, dass er seine Fehler durch die gedankliche Auseinandersetzung mit einem Thema selbst erkennen und verbessern kann.
Einige Themen, wie z.B. Großschreibung, Dopplung und Dehnung, halten insbesondere für Schüler der höheren Klassen eine Menge Stolperfallen bereit. Selbst geübte Erwachsene können bei manchen Wörtern ins Straucheln kommen, so dass die Messlatte für die Lerner nicht allzu hoch hängen sollte. Seien Sie bitte in diesen Fällen nachsichtig, aber nicht nachlässig. ☺ Schließlich gibt es auch noch das Wörterbuch (Wörterbucharbeit muss im Unterricht geübt werden!), und es ist durchaus legitim, es zu benutzen, wenn man wirklich nicht weiterweiß.

Ähnlichkeitshemmung

Die *Fördersequenzen* sind zum großen Teil so aufgebaut, dass ein Prinzip erklärt und hinreichend geübt wird, bevor andere ähnliche Prinzipien dazukommen. Ziel einer Gegenüberstellung von Kontrasten ist hier die *Reflexion* über eine Schreibweise, also das *Provozieren kognitiver Entscheidungen*, z.B. „Ich schreibe ‚bäuchlings' mit ‚äu', weil es von ‚Bauch' mit ‚au' abgeleitet ist. Ich schreibe aber ‚Keule' mit ‚eu', weil es *keinen* Wortverwandten mit ‚au' gibt."
In den Fällen, bei denen die Schreibung begründet werden kann, ist die Sorge hinsichtlich der Ähnlichkeitshemmung nicht berechtigt.
Anders wäre es natürlich, wenn es nur um das Einprägen und Erinnern von Wortbildern geht. Hier sind Kontrastpaare, die zum Auswendiglernen angeboten werden, nicht sinnvoll: „Merke ‚Stahl', aber ‚Wal'. Merke ‚lieber', aber ‚Biber'." Derartige Gegenüberstellungen sind in den gesamten Lernserver-Materialien nirgendwo zu finden.

Das Lesen des Leistungsprofils und Tipps für die anschließende Förderung

Wenn Sie die Lernserver-Diagnostik zu Hilfe genommen und nun das Leistungsprofil eines Schülers vor sich haben, dann beachten Sie bitte Folgendes:

- Finden sich noch viele Fehler im *Grundlegenden Bereich*, müssen erst die basalen Kenntnisse vermittelt werden, bevor mit den *Fördersequenzen* begonnen wird.
- Sind lediglich dem *Regelbereich* Falschschreibungen zugeordnet, können Sie aus den Überschriften der einzelnen Kategorien ersehen, welche Sequenzen für die Förderung in Betracht kommen.
- Bei nur *einem* Fehler in einer Kategorie, kann von einer Förderung in diesem Bereich abgesehen werden. Es sei denn, Sie merken im Laufe der Zeit, dass hier doch noch weitere Schwierigkeiten auftauchen.
- Bei *mehreren* Fehlern in einer Kategorie, z.B. bei der Großschreibung, nehmen Sie die dazugehörige Fördersequenz, lesen die Einführung und blättern die Übungen durch, damit Sie sich einen Überblick über das angebotene Material verschaffen können. Gerade bei der Großschreibung kommt es darauf

an, *welche* Fehler dem Schüler unterlaufen sind: Wenn es sich um Falschschreibungen bei gängigen Wörtern handelt, schadet es nichts, die Übungen von Anfang an durchzunehmen, da sie aufeinander aufbauen und ihr Schwierigkeitsniveau sich kontinuierlich steigert. Handelt es sich um Falschschreibungen bei Sonderfällen wie *mehrteiligen Eigennamen, geographischen Ableitungen auf -isch* oder *Zeitangaben*, kann schon das entsprechende Kapitel ausreichen, um Klarheit zu schaffen.

- Zwingend erforderlich ist bei Fehlern in den Bereichen *Dopplung*, *s-Laute*, *i-Laut* und *Dehnung*, dass als Erstes die Sequenz *Betonung* durchgearbeitet wird. Der Grund: Die Lernserver-Methodik fußt in großen Teilen auf der Klangqualität des betonten Vokals. Erhielte der Schüler nicht die Gelegenheit, das Betonungsprinzip kennenzulernen und damit zu üben, würde das ein erfolgreiches Bearbeiten der oben genannten Sequenzen unnötig erschweren bis unmöglich machen.

Überlegungen zur Reihenfolge der Sequenzen

Bei der *Reihenfolge* der zu behandelnden Themen empfehlen wir immer (vorausgesetzt, es wurden dort auch Fehler gemacht), mit der

- *Umlautableitung* zu beginnen. Dieses Kapitel ist relativ überschaubar, leicht zu begreifen und nicht allzu umfangreich. Gute Voraussetzungen dafür, erste, schnelle Erfolge zu erleben und die eventuell verlorengegangene Motivation wiederzuerlangen. Danach könnte mit der
- *Auslautableitung* fortgefahren werden, weil sie einem ähnlichen Prinzip unterworfen ist wie die Umlautableitung. Anschließend würden wir die
- *Betonung* vorschlagen, da sie die Voraussetzung für die weiteren Kapitel darstellt:
- *Dopplung*
- *s-Laute*
- *i-Laut*
- *Dehnung*, wobei die Dehnung eines der schwierigsten Kapitel der deutschen Orthographie ist! Es wäre also zu überlegen, ob bei mittleren bis großen Problemen in der
- *Großschreibung* dieses Kapitel nicht vorgezogen werden sollte. Bei der Großschreibung handelt es sich ja in weiten Teilen um Grammatik, so dass das Thema hinsichtlich der Methodik für etwas Abwechslung im Übungsalltag sorgen könnte. Entscheiden Sie für jeden Schüler individuell, wie weit Sie hier bei den Sonderfällen gehen wollen. Die Grundregel zur Großschreibung ist relativ einfach zu durchschauen und anzuwenden, bei den Sonderfällen wird es knifflig... Zum Schluss könnten die
- *Gleichklingenden Buchstaben* durchgenommen werden. Lesen Sie im Leistungsprofil nach, in welchem der beiden Teilbereiche Fehler vorkamen (v-f oder x-Laut oder beides) und bieten Sie die entsprechenden Übungen an.

Es versteht sich, dass die empfohlene Reihenfolge nur dann gilt, wenn auch in den aufgeführten Bereichen Fehler passiert sind. „Leere“ Kategorien im Leistungsprofil müssen nicht geübt werden, es sei denn, Ihnen fällt im Laufe des Arbeitens mit dem Schüler auf, dass er doch bei dem einen oder anderen Rechtschreibprinzip Unsicherheiten zeigt.
Ebenso ist es selbstverständlich, dass Sie die Reihenfolge variieren können, wenn es Ihnen bei einem Schüler sinnvoll erscheint oder es einen anderen Grund gibt, ein bestimmtes Thema vorzuziehen. Absolut notwendig ist aber, wie schon mehrfach erwähnt, das *Vorschalten der Betonungssequenz*, wenn Sie Dopplung, s-Laute, Dehnung und i-Laut durchnehmen möchten.

Und nun wünschen wir Ihnen, Ihren Schülern und Kindern viel Freude und Erfolg!

Petra Schönweiss, Friedrich Schönweiss
und das Lernserver-Team

Übungen zur Umlautableitung äu-au

Name:

Einführung: Grundlegendes zur Umlautableitung äu-au

Allgemeine Hinweise: Grundlegendes zur Umlautableitung äu-au

Die folgenden Übungen setzen sich mit dem Problem des Gleichklangs der Diphthonge **eu** und **äu** auseinander. Da über das Hören allein die korrekte Schreibung nicht herausgefunden werden kann, ist man bei unbekannten oder nicht zuverlässig gespeicherten Wörtern auf den Trick mit der Wortverwandtschaft angewiesen, das heißt, man muss sich die richtige Schreibung „ableiten". Die Regel hierfür lautet:

Höre ich in einem Wort /oi/, muss ich nur dann „äu" schreiben,
wenn es ein verwandtes Wort mit „au" gibt.
Gibt es keines, schreibe ich „eu".

Das Wissen um **Wortfamilien** bzw. Wortverwandtschaft ist also Voraussetzung dafür, die oben genannte Ableitungsregel anzuwenden. Die Familienmitglieder eines Wortes kann man unter anderem wie folgt erkennen:

- Nomen mit „au" bilden häufig den Plural mit „äu". Die richtige Schreibweise ist also am Singular zu erkennen: Häuser – Haus.
- Manche Verben mit „au" bilden einige gebeugte Formen mit „äu". Die richtige Schreibung ist am Infinitiv zu erkennen: du läufst – laufen.
- Viele Nomen mit „au" bilden ihre Verkleinerungsform mit „äu". Die richtige Schreibung ist am Grundwort zu erkennen: Mäuschen – Maus.
- Generell: Meistens hilft die Grundform, z.B. bei verkäuflich – kaufen, bäuerlich – Bauer

Bei Wörtern mit **eu** wird die ganze Wortfamilie mit **eu** geschrieben (Morphemkonstanz):
neu, Neuheit, neulich, Neuling usw.

Die Ausnahmen

Bei einigen wenigen äu-Wörtern gibt es keinen Verwandten mit „au". Diese müssen als *Merkwörter* auswendig gelernt werden. Es hat sich bewährt, die Schüler bereits bei der Einführung der Ableitungsregel darauf hinzuweisen, dass es einige wenige Ausnahmen gibt, auf die die Regel *nicht* zutrifft. Die Ausnahmen müssen zu diesem Zeitpunkt noch nicht genannt werden, aber der Hinweis auf sie verhindert Enttäuschung und Frustration, wenn im Zuge der Regelanwendung versehentlich ein Wort auftaucht, das der Regel nicht entspricht.

Nicht ableitbare äu-Wörter (Merkwörter):	Schwer ableitbare äu-Wörter:
die Säule	häufig (Haufen)
das Knäuel	versäumen (Saum)
sich sträuben	äußern, äußerlich (außen)
sich räuspern	läuten (laut)
räudig	
enttäuschen	
träufeln	

Vorsicht bei „treu"!
Dieses Wort hat neben dem eu-Stamm auch noch einen au-Stamm: trauen

Name:

Problemerkennung und Problemlösung

1. Lies folgende Wörter laut vor:

Beule, Fäule, Leute, Häute, teuer, Bäuerin, Keule, Säule, Beute, Bräute, Reuse, Läuse

2. Konntest du einen hörbaren Unterschied zwischen eu und äu feststellen?

ja ☐ nein ☐

3. Verbinde immer zwei Wörter, die aus einer Familie stammen.

häuslich	saugen
äußerlich	Brauch
schnäuzen	außen
verträumt	Bauer
Schäume	Haufen
angesäuert	Haut
Geläute	sauer
bäuerlich	Haus
Säugling	Schnauze
abgehäutet	Auge
gebräuchlich	Schaum
anhäufen	laut
liebäugeln	kaufen
unverkäuflich	Traum

4. Versuche nun den Regelsatz zu ergänzen:

Die Zwielaute ____ und ____ klingen völlig __________.
Ein Wort wird aber nur dann mit **äu** geschrieben,
wenn es einen Wortverwandten mit _____ hat!
Findest du keinen Verwandten mit _____, musst du _____ schreiben.

Name:

Wortverwandte finden

äu **Achtung: „äu“ schreibt man nur dann, wenn es ein verwandtes Wort mit „au“ gibt. Suche zu jedem äu-Wort einen Verwandten mit „au“.** au

äu-Wort	Wort mit „au“
äußerlich	
Äuglein	
Wiederkäuer	
Bräutigam	
Fäulnis	
Käuzchen	
Säugetier	
eingeschäumt	
verträumt	
Mäuserich	
Däumling	
bäuchlings	
Zäune	
Kräuter	
Gebäude	
gebräunt	
aufbäumen	

äu-Wort	Wort mit „au“
Täufer	
geräuschvoll	
Gemäuer	
Mäuler	
häufig	
säuisch	
aufzäumen	
geläufig	
schnäuzen	
Träubchen	
Läuse	
Fräulein	
betäubt	
Fäustling	
Häuptling	
abergläubisch	
bestäuben	

Name:

eu oder äu? (Üben)

1. Setze eu oder äu ein und nimm dabei die gelernte Regel zu Hilfe.
2. Lege eine Tabelle an und trage die Lückenwörter nach eu und äu sortiert ein!

Meinungsverschiedenheit

Marlene ballt die F___ste. Sie sch___mt vor Wut. Am liebsten würde sie den Kr___tertopf an die Wand schl___dern, so wütend ist sie. Kapiert Julian wirklich nicht, was ihr dieser Abend bed___tet? Schon vor Wochen hatte sie Karten für diese Theateraufführung besorgt. Sie waren verdammt teuer gewesen, aber egal. Mit Fr___den hatte sie ihren Fr___nd dazu eingeladen, der h___fig unter akutem Geldmangel leidet. Dafür aber erwartet sie nun auch, dass er h___te nicht seine älteste Hose anzieht. Wieso muss es ausgerechnet dieses sch___ßliche, ausgeb___lte Teil mit dem langen Riss quer über dem Oberschenkel sein?

„Alles platte ___ßerlichkeiten", hatte Julian behauptet. „Ich werde den T___fel tun und mich besch___erten, veralteten Gebr___chen unterwerfen! Meine Jeans ist gut genug für dein nobles Theaterpublikum."

Marlene s___fzt bei der Erinnerung. Nicht einmal ihr bittendes „Tu's doch mir zuliebe" hatte eine Meinungsänderung bewirkt. Und nun ist der lang ersehnte Abend da und Julian will überhaupt nicht mehr ins Theater, weder mit alter noch mit n___er Hose. Ungl___big beobachtet Marlene, wie er, b___chlings auf dem Teppich liegend, seelenruhig beginnt, seine CDs aufzur___men.

„Du lässt mich jetzt wirklich allein gehen – sehe ich das richtig?", fragt sie s___erlich.

„Vollkommen richtig", kommt es unfr___ndlich zurück.

„Ach Julian, bitte! Es geht mir doch gar nicht um die L___te. Es gefällt mir einfach, sich ab und zu schick anziehen. Und du siehst so toll aus in deinem Leinenanzug." Tr___herzig schaut Marlene ihn an. Aber Julian schüttelt nur unwirsch den Kopf.

„Lass dir mal was N___es einfallen und s___sele nicht herum, Marlene. Du weißt, dass ich schicke Klamotten hasse. Und wer mich nicht nimmt, wie ich bin, kann verschwinden – ins piekfeine Theater, in eine alte Sch___ne oder in ein sonstiges Geb___de. Ist mir gleichgültig!"

„Spiel nicht mit dem F___er, Julian!"

„..."

„Gut, dein Schweigen ist d___tlich genug. Dann sind wir die längste Zeit befr___ndet gewesen!"

Marlenes Augen werden f___cht. Schon ber___t sie die harsche Antwort. Aber sie schnappt sich ihre Handtasche und l___ft hastig durch den Flur. Ger___schvoll fällt die Tür ins Schloss.

Name:

eu oder äu? (Vertiefung)

Übe noch ein bisschen!

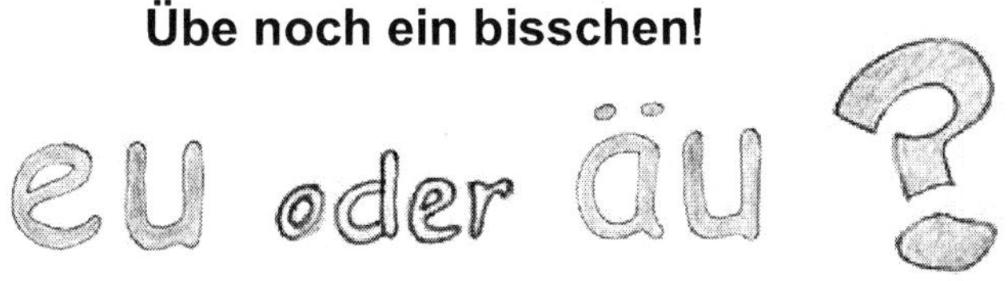

Das Verhältnis zwischen Jugendlichen und Erwachsenen ist oft nicht einfach, auch wenn die Grenzen zwischen Jungsein und Erwachsensein immer mehr verschwimmen. Meist hat man als Jugendlicher das Gefühl, man br___chte weder Eltern noch Lehrer: Sind das nicht die L___te, die einem alles vorschreiben wollen? Wohl jeder kennt einige der h___figsten Ermahnungen, die von Erwachsenen mit lauten Stoßs___fzern ge___ßert werden:

„Konzentrier dich und tr___m nicht herum!"
„R___m endlich auf, dein Zimmer schaut ja aus wie eine R___berhöhle!"
„So geht das aber nicht, mein Fr___lein!"
„Such dir andere Fr___nde!"
„Es ist doch zum H___len mit dir!"
„Deine Frechheit ist ja ungeh___erlich!"
„Du hast vorl___fig Computerverbot!"
„In deinem nächsten Z___gnis will ich keine Vier mehr sehen!"
„Das ist keine Musik, sondern nur ein grässliches Ger___sch!"
„Was ist das denn für eine sch___ßliche Hose?"

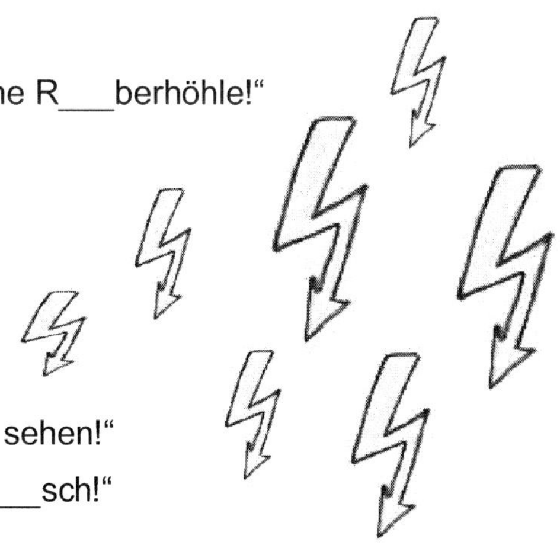

Erwachsene erwarten ständig, dass man ihnen Fr___de macht. Wenn das nicht geschieht, sind sie sehr anges___ert. Aber junge Menschen wollen nicht einfach nur ein kleines Schr___bchen in einer funktionierenden Maschine sein. Nein! Es bed___tet ihnen viel, selbst zu entscheiden, was zu tun ist. Dieser Wunsch ist nur zu verständlich, doch die Kehrseite davon ist, dass sie dann auch Verantwortung tragen müssen und nicht vers___men dürfen, für eventuelle Fehler geradezustehen.

Das Erwachsensein wird nicht automatisch mit dem 18. Geburtstag eingel___tet, sondern es ist ein langer Prozess vonnöten, der auch nicht unbedingt dadurch beschl___nigt wird, dass man sich jedes Wochenende ins Koma s___ft. Vielmehr gilt es herauszufinden, was man sich vom Leben erwartet; man muss lernen, sich selbstständig durch die verschiedenen Klippen zu st___ern und Kritik zu ertragen; man muss Einfühlungsvermögen für seine Mitmenschen entwickeln und Kompromisse eingehen können – aber dennoch seinen Prinzipien tr___ bleiben. Das Leben ist ein vielschichtiges Abent___er. Es möchte mit Köpfchen bestanden werden.

Name:

äu-au: Merkwörter mit äu

Nur wenige Wörter mit „äu“ haben *keinen* Wortverwandten mit „au“.
Du kannst sie dir leicht auswendig merken:

äu

die S**äu**le
das Kn**äu**el
entt**äu**schen
sich str**äu**ben
sich r**äu**spern
tr**äu**feln (tropfen)
r**äu**dig

äu

1. Stelle dir für jedes Wort ein Bild oder eine Szene vor. Schreibe die Wörter ab.

2. Schneide dir kleine Zettel aus, die in eine Streichholzschachtel passen.
- Schreibe die Merkwörter auf die Zettel und hebe diese in der Schachtel auf.
- Beschrifte die Schachtel mit „Merkwörter mit **äu**“.
- Nimm die Schachtel für eine Weile überallhin mit und wiederhole die Wörter immer wieder.

3. Bilde mit jedem Wort einen Satz.

Name:

Ableitungen vertiefen und Merkwörter erkennen

1. Überlege dir bei den folgenden Wörtern, ob du eu oder äu einsetzen musst.
2. Schreibe bei den Wörtern mit „äu“ einen Verwandten mit „au“ dazu.
3. Unterstreiche die Merkwörter.

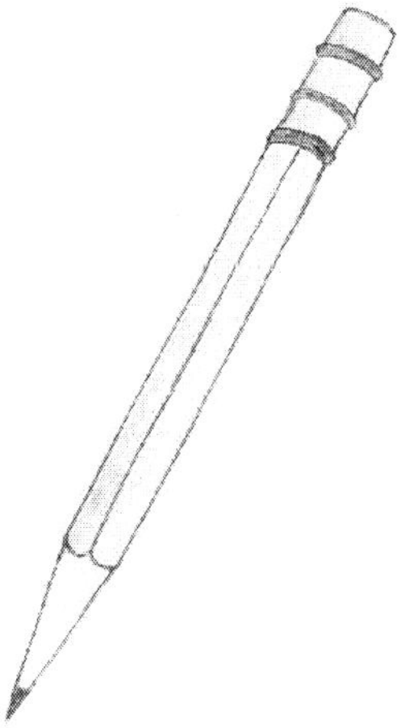

die K___le ______________________

ohrenbet___bender Krach ______________________

verl___gnen ______________________

das Wollkn___el ______________________

umz___nen ______________________

der Kronl___chter ______________________

die Sch___ne ______________________

der S___fer ______________________

vorl___fig ______________________

ber___en ______________________

gr___lich ______________________

sich aufb___men ______________________

die M___terei ______________________

vert___en ______________________

vers___men ______________________

entt___scht ______________________

gekr___selt ______________________

das Nähz___g ______________________

die G___le ______________________

k___chen ______________________

die S___le ______________________

der H___ptling ______________________

___ropa ______________________

Lösungen zur Umlautableitung äu-au

Problemerkennung und Problemlösung

<u>Hinweis für den Lehrenden:</u>
Bitte prüfen Sie die Ergebnisse der Aufgaben und vor allem, ob der Regelsatz richtig ausgefüllt und auch verstanden wurde, da die weiteren Übungen darauf aufbauen.

---

1. Lies folgende Wörter laut vor:

Beule, Fäule, Leute, Häute, teuer, Bäuerin, Keule, Säule, Beute, Bräute, Reuse, Läuse

2. Konntest du einen hörbaren Unterschied zwischen eu und äu feststellen?

ja ☐ nein ☒

3. Verbinde immer zwei Wörter, die aus einer Familie stammen.

häuslich	saugen
äußerlich	Brauch
schnäuzen	außen
verträumt	Bauer
Schäume	Haufen
angesäuert	Haut
Geläute	sauer
bäuerlich	Haus
Säugling	Schnauze
abgehäutet	Auge
gebräuchlich	Schaum
anhäufen	laut
liebäugeln	kaufen
unverkäuflich	Traum

4. Versuche nun den Regelsatz zu ergänzen:

Die Zwielaute **<u>eu</u>** und **<u>äu</u>** klingen völlig **<u>gleich</u>**.
Ein Wort wird aber nur dann mit **äu** geschrieben,
wenn es einen Wortverwandten mit **<u>au</u>** hat!
Findest du keinen Verwandten mit **<u>au</u>**, musst du **<u>eu</u>** schreiben.

Wortverwandte finden

Hinweis für den Lehrenden:
Um über die „Verwandten" eines Wortes die richtige Schreibung herauszufinden, müssen sprachliche Zusammenhänge erkannt und geübt werden. Bei Schülern mit größeren Schwierigkeiten empfiehlt sich deshalb, sie dazu anzuleiten, bei dieser Übung leise vor sich hinzusprechen: „*Äußerlich* mit ä-u, weil es den Wortverwandten *außen* mit a-u gibt."

Wortverwandte suchen erweitert nebenbei auch automatisch den Wortschatz.

Zur weiteren Vertiefung können natürlich auch Wörter mit au gesucht werden, die ein verwandtes Wort haben, bei denen man /oi/ spricht. Beide Wörter werden aufgeschrieben:
Laus – Läuse, Raum – aufräumen usw.

Achtung: „äu" schreibt man nur dann, wenn es ein verwandtes Wort mit „au" gibt. Suche zu jedem äu-Wort einen Verwandten mit „au".

äu-Wort	Wort mit „au"	äu-Wort	Wort mit „au"
äußerlich	außen	Täufer	taufen
Äuglein	Auge	geräuschvoll	rauschen
Wiederkäuer	kauen	Gemäuer	Mauer
Bräutigam	Braut	Mäuler	Maul
Fäulnis	faul	häufig	Haufen
Käuzchen	Kauz	säuisch	Sau
Säugetier	saugen	aufzäumen	Zaum
eingeschäumt	Schaum	geläufig	laufen
verträumt	Traum	schnäuzen	Schnauze
Mäuserich	Maus	Träubchen	Traube
Däumling	Daumen	Läuse	Laus
bäuchlings	Bauch	Fräulein	Frau
Zäune	Zaun	betäubt	taub
Kräuter	Kraut	Fäustling	Faust
Gebäude	bauen, Bau	Häuptling	Haupt
gebräunt	braun	abergläubisch	glauben
aufbäumen	Baum	bestäuben	Staub

eu oder äu? (Üben)

Hinweis für den Lehrenden:
Wenn die Regel zur Umlautableitung verstanden und das Finden von Wortverwandten geübt wurde, kann mittels eines Lückentextes die kognitive Entscheidung zwischen eu und äu provoziert werden, ohne dass die Ähnlichkeitshemmung befürchtet werden muss.

Gegebenenfalls wird zuerst noch einmal die Regel wiederholt:

Höre ich in einem Wort /oi/, muss ich nur dann „äu" schreiben,
wenn es ein verwandtes Wort mit „au" gibt.
Gibt es keines, schreibe ich „eu".

Vorsicht bei „treuherzig": Dieses Wort hat einen eu- und einen au-Stamm (treu und trauen). Es kommen zwar erfahrungsgemäß nur wenige Schüler auf die Ableitung „trauen", aber die Möglichkeit besteht dennoch. Wenn dies der Fall ist, muss „treu" als Merkwort separat notiert werden.

„Geräuschvoll" ist relativ schwer abzuleiten (rauschen). Hier kann die Lehrkraft einen Tipp geben.

Möglichkeit zur Diskussion:
Sollte man ein Theater nur mit „schicker" Kleidung besuchen? Ist der Streit überflüssig, weil der Grund eigentlich unwichtig ist? Findest du Marlenes Reaktion überspitzt? Wie könnte der Konflikt zwischen Marlene und Julian gelöst werden?

---

1. Setze eu oder äu ein und nimm dabei die gelernte Regel zu Hilfe.
2. Lege eine Tabelle an und trage die Lückenwörter nach eu und äu sortiert ein!

Meinungsverschiedenheit
Marlene ballt die F**äu**ste. Sie sch**äu**mt vor Wut. Am liebsten würde sie den Kr**äu**tertopf an die Wand schl**eu**dern, so wütend ist sie. Kapiert Julian wirklich nicht, was ihr dieser Abend bed**eu**tet? Schon vor Wochen hatte sie Karten für diese Theateraufführung besorgt. Sie waren verdammt teuer gewesen, aber egal. Mit Fr**eu**den hatte sie ihren Fr**eu**nd dazu eingeladen, der h**äu**fig unter akutem Geldmangel leidet. Dafür aber erwartet sie nun auch, dass er h**eu**te nicht seine älteste Hose anzieht. Wieso muss es ausgerechnet dieses sch**eu**ßliche, ausgeb**eu**lte Teil mit dem langen Riss quer über dem Oberschenkel sein?
„Alles platte **Äu**ßerlichkeiten", hatte Julian behauptet. „Ich werde den T**eu**fel tun und mich besch**eu**erten, veralteten Gebr**äu**chen unterwerfen! Meine Jeans sind gut genug für dein nobles Theaterpublikum."
Marlene s**eu**fzt bei der Erinnerung. Nicht einmal ihr bittendes „Tu's doch mir zuliebe" hatte eine Meinungsänderung bewirkt. Und nun ist der lang ersehnte Abend da und Julian will überhaupt nicht mehr ins Theater, weder mit alter noch mit n**eu**er Hose. Ungl**äu**big beobachtet Marlene, wie er, b**äu**chlings auf dem Teppich liegend, seelenruhig beginnt, seine CDs aufzur**äu**men.
„Du lässt mich jetzt wirklich allein gehen – sehe ich das richtig?", fragt sie s**äu**erlich.
„Vollkommen richtig", kommt es unfr**eu**ndlich zurück.
„Ach Julian, bitte! Es geht mir doch gar nicht um die L**eu**te. Es gefällt mir einfach, sich ab und zu schick anziehen. Und du siehst so toll aus in deinem Leinenanzug." Tr**eu**herzig schaut Marlene ihn an. Aber Julian schüttelt nur unwirsch den Kopf.
„Lass dir mal was N**eu**es einfallen und s**äu**sele nicht herum, Marlene. Du weißt, dass ich schicke Klamotten hasse. Und wer mich nicht nimmt, wie ich bin, kann verschwinden – ins piekfeine Theater, in eine alte Sch**eu**ne oder in ein sonstiges Geb**äu**de. Ist mir gleichgültig!"
„Spiel nicht mit dem F**eu**er, Julian!"
„..."
„Gut, dein Schweigen ist d**eu**tlich genug. Dann sind wir die längste Zeit befr**eu**ndet gewesen!"
Marlenes Augen werden f**eu**cht. Schon ber**eu**t sie die harsche Antwort. Aber sie schnappt sich ihre Handtasche und l**äu**ft hastig durch den Flur. Ger**äu**schvoll fällt die Tür ins Schloss.

eu oder äu? (Vertiefung)

Hinweis für den Lehrenden:
Die Übung ist zur Wiederholung gedacht: Die kognitive Entscheidung zwischen eu und äu soll noch einmal mithilfe der gelernten Regel getroffen werden.

Übe noch ein bisschen!
Was ist richtig: eu oder äu?

Das Verhältnis zwischen Jugendlichen und Erwachsenen ist oft nicht einfach, auch wenn die Grenzen zwischen Jungsein und Erwachsensein immer mehr verschwimmen. Meist hat man als Jugendlicher das Gefühl, man br**äu**chte weder Eltern noch Lehrer: Sind das nicht die L**eu**te, die einem alles vorschreiben wollen? Wohl jeder kennt einige der h**äu**figsten Ermahnungen, die von Erwachsenen mit lauten Stoßs**eu**fzern ge**äu**ßert werden:

„Konzentrier dich und tr**äu**m nicht herum!"
„R**äu**m endlich auf, dein Zimmer schaut ja aus wie eine R**äu**berhöhle!"
„So geht das aber nicht, mein Fr**äu**lein!"
„Such dir andere Fr**eu**nde!"
„Es ist doch zum H**eu**len mit dir!"
„Deine Frechheit ist ja ungeh**eu**erlich!"
„Du hast vorl**äu**fig Computerverbot!"
„In deinem nächsten Z**eu**gnis will ich keine Vier mehr sehen!"
„Das ist keine Musik, sondern nur ein grässliches Ger**äu**sch!"
„Was ist das denn für eine sch**eu**ßliche Hose?"

Erwachsene erwarten ständig, dass man ihnen Fr**eu**de macht. Wenn das nicht geschieht, sind sie sehr anges**äu**ert. Aber junge Menschen wollen nicht einfach nur ein kleines Schr**äu**bchen in einer funktionierenden Maschine sein. Nein! Es bed**eu**tet ihnen viel, selbst zu entscheiden, was zu tun ist. Dieser Wunsch ist nur zu verständlich, doch die Kehrseite davon ist, dass sie dann auch Verantwortung tragen müssen und nicht vers**äu**men dürfen, für eventuelle Fehler geradezustehen.
Das Erwachsensein wird nicht automatisch mit dem 18. Geburtstag eingel**äu**tet, sondern es ist ein langer Prozess vonnöten, der auch nicht unbedingt dadurch beschl**eu**nigt wird, dass man sich jedes Wochenende ins Koma s**äu**ft. Vielmehr gilt es herauszufinden, was man sich vom Leben erwartet; man muss lernen, sich selbstständig durch die verschiedenen Klippen zu st**eu**ern und Kritik zu ertragen; man muss Einfühlungsvermögen für seine Mitmenschen entwickeln und Kompromisse eingehen können – aber dennoch seinen Prinzipien tr**eu** bleiben. Das Leben ist ein vielschichtiges Abent**eu**er. Es möchte mit Köpfchen bestanden werden.

Ableitungen vertiefen und Merkwörter erkennen

Hinweis für den Lehrenden:

Diese abschließende Übung zur äu-au-Thematik macht nur dann Sinn, wenn die äu-Merkwörter bereits ausreichend gespeichert wurden.
Ist dies der Fall, wird wieder die Entscheidung verlangt, ob eu oder äu richtig ist. Dabei muss nur dann „äu“ geschrieben werden, wenn es ein verwandtes Wort mit „au“ gibt *oder* wenn es sich um eines der gelernten Merkwörter mit „äu“ handelt, die nicht sinnvoll abgeleitet werden können.

---

1. Überlege dir bei den folgenden Wörtern, ob du eu oder äu einsetzen musst.
2. Schreibe bei den Wörtern mit „äu“ einen Verwandten mit „au“ dazu.
3. Unterstreiche die Merkwörter.

die K**eu**le	____________
ohrenbet**äu**bender Krach	taub
verl**eu**gnen	____________
das Wollkn**äu**el	Merkwort
umz**äu**nen	der Zaun
der Kronl**eu**chter	____________
die Sch**eu**ne	____________
der S**äu**fer	saufen
vorl**äu**fig	laufen
ber**eu**en	____________
gr**äu**lich	grau
sich aufb**äu**men	der Baum
die M**eu**terei	____________
vert**äu**en	das Tau
vers**äu**men	der Saum
entt**äu**scht	Merkwort
gekr**äu**selt	kraus
das Nähz**eu**g	____________
die G**äu**le	der Gaul
k**eu**chen	____________
die S**äu**le	Merkwort
der H**äu**ptling	das Haupt
Europa	____________

Übungen zur Umlautableitung ä-a

Name:

Einführung: Grundlegendes zur Umlautableitung ä-a (Seite 1)

Allgemeine Hinweise: Grundlegendes zur Umlautableitung ä-a

Umlaute können in deutschen Wörtern *nur* im Wortstamm stehen, wobei der Wortstamm meistens auch den *Betonungsgipfel* eines Wortes trägt: s**ä**gen, **Ö**fen, **ü**ber usw.
Mit anderen Worten: In einem deutschen Wort ist ein Umlaut gleichzeitig der Betonungsgipfel eines Wortes und nie in Vorsilben, Endungen oder Nachsilben zu finden.

Achtung: Hat ein Wort eine *betonte Vorsilbe* (oder Nachsilbe), muss diese in Gedanken abgetrennt und das Restwort auf seinen Betonungsgipfel hin untersucht werden: ûm**ä**ndern → um - **â**ndern.

Gleichklang von kurzem /e/ und /ä/

Bei ö und ü ist die Artikulation eindeutig. Bei ä besteht jedoch die Schwierigkeit, dass die lautliche Verwandtschaft zum e keine sichere Zuordnung zum richtigen Graphem erkennen lässt. Zwar können die *langen* Laute /e/ und /ä/ bei richtiger Standardlautung akustisch gut unterschieden werden (vgl. Segen und sägen), aber die *kurz* gesprochenen Laute klingen *völlig gleich* und sind deshalb nicht allein durch das Hören voneinander zu unterscheiden (vgl. Bretter und Blätter).

Vorsicht: Auch bei den langen Lauten /e/ und /ä/ gibt es dialektale Einschränkungen, die eine Differenzierung sehr erschweren. In Norddeutschland z.B. spricht man /Schefchen/ statt /Schäfchen/. Hat ein Schüler das Schriftbild von „Schäfchen" nicht bereits im lexikalischen Gedächtnis gespeichert, wird er allein durch die Analyse seiner eigenen Artikulation die richtige Schreibung kaum herausfinden können: Es spricht /Schefchen/ und schreibt „Schefchen".

Abhilfe schafft bei diesem Problem das Suchen eines **Wortverwandten** mit **„a"**, denn ein „ä" kommt nur dann vor, wenn es ein verwandtes Wort mit „a" gibt.
Findet man kein Wort mit „a" in der Familie, muss man „e" schreiben.

Die Ausnahmen

Bei einigen ä-Wörtern gibt es allerdings *keinen* Verwandten mit „a". Diese müssen als *ä-Merkwörter* auswendig gelernt werden. Es hat sich bewährt, die Schüler bereits bei der Einführung der Ableitungsregel darauf hinzuweisen, dass es einige Ausnahmen gibt, auf die die Regel nicht zutrifft. Die Ausnahmen müssen zu diesem Zeitpunkt noch nicht genannt werden, aber der Hinweis auf sie verhindert Enttäuschung und Frustration, falls im Zuge der Regelanwendung versehentlich ein Wort auftaucht, das der Regel nicht entspricht.

Nicht ableitbare Wörter mit kurzem ä:
der März
der Lärm (von Alarm)
das Geschäft, sich beschäftigen
das Känguru
seitwärts, vorwärts, rückwärts usw.
grässlich
das Geländer
die Dämmerung
kläffen
plänkeln
plärren
hätscheln
die Schärpe
ätzen
läppern

Schwer ableitbare Wörter mit kurzem ä:
der Ärger (von arg)
ändern (von anders)
hängen (von Hang)
der Fächer, fächeln (von entfachen)
bewältigen (walten)
einschränken, beschränken (Schranke)
ächzen (ach)
krächzen (von Krach)
hässlich (von Hass)
schmächtig (von schmachten)

Name:

Einführung: Grundlegendes zur Umlautableitung ä-a (Seite 2)

***Schwer* ableitbare Wörter mit langem ä (nach der Standardlautung hörbar):**

das Mädchen (von Magd)
mähen (von Mahd)
nähen (von Nadel)
nämlich (von Name)
sich schämen (von Scham)
spärlich (sparen)

***Nicht* ableitbare Wörter mit langem ä (nach der Standardlautung hörbar):**

ähnlich, die Ähre, allmählich (gemach), der Bär, blähen, dämlich, einprägen, erwähnen, fähig, gären, gebären, das Gefäß, die Grätsche, gähnen, hämisch, die Häme, jäten, der Käfer, der Käfig, der Käse, die Krähe, das Märchen, schäkern, schäbig (Schabe = Räude, Krätze), der Säbel, die Säge, der Schädel, schräg, spähen, spät, träge, die Träne, ungefähr, während, zäh

Vorsicht bei folgenden Unregelmäßigkeiten, die aber nur dann besprochen werden sollten, wenn die Schüler darüber stolpern:

Manche Wörter werden mit „e“ geschrieben, obwohl sie einen Verwandten mit „a“ haben:

Eltern	trotz alt
einwenden	trotz Einwand
schwenken	trotz schwanken

Manche Wortfamilien haben einen „e“- *und* einen „a“-Stamm, z.B.:

sprechen, Sprache, Gespräch
denken, dachte, Gedächtnis
schmecken, Geschmack, geschmäcklerisch
fressen, Fraß, Gefräßigkeit

Beide Schreibungen sind möglich in:

die Schenke	(wegen ausschenken)
die Schänke	(wegen Ausschank)
aufwendig	(wegen aufwenden)
aufwändig	(wegen Aufwand)

Gleichlautend, aber unterschiedlich geschrieben und nur im Kontext entschlüsselbar:

die Felle	–-	die Fälle
die Wende	–	die Wände
die Strenge	–	die Stränge
der Held	–	er hält
die Stelle	–	die Ställe
die Welle	–	die Wälle
die Lerche	–	die Lärche

Name:

Problemerkennung und Problemlösung

In den Sätzen findest du fett gedruckte Wörter, in denen ein /ä/-Laut vorkommt. Manchmal wird der /ä/-Laut mit einem „ä“ geschrieben, manchmal mit einem „e“.

1. Lies die Sätze durch.

1. Wir gehen durch dunkle **Wälder** und über Stoppel**felder**.
2. Bei Sturm und schlechtem **Wetter** weht's vom Baum die **Blätter**.
3. Schon früh am Morgen schellt der **Wecker** für alle Brot- und Kuchen**bäcker**.
4. Durch viele Bundes**länder** schallt der Piraten**sender**.
5. Gegen diese Monster**welle** helfen keine Lärmschutz**wälle**.
6. Trotz Lehrer Hempels gefürchteter **Strenge**, schlagen die Schüler über die **Stränge**.
7. Genau hier an dieser **Stelle** standen früher Schweine**ställe**.
8. Gar lange **Nächte** fing der Angler keine **Hechte**.
9. Auch mancher **Engel** hat seine **Mängel**.

2. Schreibe die ä-Wörter und die e-Wörter getrennt in die Tabelle.

3. Schreibe zu jedem Wort mindestens ein Wort mit dem gleichen Stamm dazu.

Wälder: Wald, bewaldet	*Felder: Feld, Feldarbeiter*

4. Stelle Vermutungen darüber an, wann man ein Wort mit <ä> schreibt. Halte deine Beobachtungen hier fest:

Name:

ä-Wörter suchen im Text und Wortverwandte mit a finden (Seite 1)

1. Lies den Text durch.
2. Unterstreiche alle Wörter mit „ä“, die einen Wortverwandten mit „a“ haben.

Hast du schon einmal von Sri Lanka gehört?
Es ist eines der schönsten Länder der Welt. Der Inselstaat liegt südöstlich von Indien im Indischen Ozean und ist 445 km lang und 225 km breit. Dank der Nähe zum Äquator herrschen tropische Temperaturen mit milden Nächten. Im Durchschnitt hat es 29° Grad, wobei der kälteste Monat der Januar ist und der wärmste der Mai.
Die Landschaft Sri Lankas ist überwältigend: Lange Palmenstrände aus weißem Sand, azurblaues Meer mit behaglichen Temperaturen, ein Hochland mit riesigen Teeplantagen, antike Königsstädte, farbenprächtige Tempelanlagen und Paläste, mächtige Buddha-Statuen, bunte Marktplätze und riesige Safariparks. Dazu kommt der ganz besondere Duft, der Sri Lanka kennzeichnet und der unter anderem von den vielfältigen Gewürzen herrührt, die auf der Insel wachsen. Und selbstverständlich dürfen auch die Menschen nicht vergessen werden, die stets fröhlich lächeln und die Ausländer gerne auf Englisch oder sogar auf Deutsch in ein längeres Gespräch verwickeln. Typische Fragen sind: „Wie heißt du? Woher kommst du? Wie lange bleibst du? Gefällt dir Sri Lanka?“ Manch einer möchte natürlich auch mit den Touristen Geschäfte machen oder ihnen eine Dienstleistung aufdrängen. Aber das ist verständlich, denn in Sri Lanka haben viele Familien nicht mehr als 150,- Euro im Monat zur Verfügung, so dass die Männer versuchen müssen, als fliegende Händler irgendetwas zu verkaufen: Nahezu alles, von Edelsteinen, Schmuck, Kräutern, Tee, Safaris bis hin zu Haschisch wird angeboten. Insofern ist in Sri Lanka nicht nur „heile Welt“ zu finden. Der Unterschied zwischen Arm und Reich ist groß, die Telekommunikation ist in weiten Teilen noch rückständig, Stromausfälle sind alltäglich, die Verkehrsverhältnisse sind chaotisch, die Fahrpläne unzuverlässig. Eine echte Quälerei ist beispielsweise die Fahrt mit einem staatlichen Bus. Manchmal sitzt der Fahrer statt auf einem fest angeschraubten Sitz tatsächlich auf einem einfachen Holzstuhl, der entsprechend herumrutscht und kein sicheres Lenken möglich macht. Der Fahrstil ist allgemein unsäglich, und außerdem sind die Stoßdämpfer meistens so kaputt, dass das Frühstück der Fahrgäste bei jedem der vielen Schlaglöcher wieder Richtung Kehle befördert wird. Für jemanden, den dies alles nicht ängstigt, ist Sri Lanka aber ein reizvolles und zudem sehr preiswertes Reiseland.

Name:

ä-Wörter suchen im Text und Wortverwandte mit a finden (Seite 2)

In der Tabelle findest du alle ä-Wörter, die im Text vorkommen.

3. Vergleiche sie mit den Wörtern, die du unterstrichen hast.
4. Schreibe jeweils einen Wortverwandten mit „a“ in das Kästchen daneben.
5. Suche im Internet nach Bildern von Sri Lanka.

Wörter mit „ä“:	Verwandte mit „a“:	Wörter mit „ä“:	Verwandte mit „a“:
Länder	das Land	Geschäft	
Nähe		aufdrängen	
Nächte		verständlich	
kälteste		Männer	
wärmste		Händler	
überwältigend		rückständig	
Palmenstrände		Stromausfälle	
Königsstädte		alltäglich	
farbenprächtige		Verkehrsverhältnisse	
Paläste		Fahrpläne	
mächtige		unzuverlässig	
Marktplätze		Quälerei	
vielfältige		tatsächlich	
selbstverständlich		unsäglich	
lächeln		Stoßdämpfer	
Ausländer		Fahrgäste	
längeres		ängstigt	
gefällt			

Name:

Wortverwandte suchen 1

1. Verbinde das ä-Wort mit seinem a-Verwandten und schreibe beide Wörter auf die Zeilen.

Beispiel: täglich – Tag

ä-Wort	a-Verwandter
täglich	Arm
Erkältung	nah
Ärmel	klar
nächster	wachen
quälen	Kraft
ungeklärt	Tag
Wächter	Hass
kräftig	kalt
volljährig	Macht
hässlich	fallen
allmächtig	Jahr
fällig	Qual

täglich ______ Tag ______

______ ______

______ ______

______ ______

______ ______

______ ______

______ ______

______ ______

______ ______

______ ______

______ ______

______ ______

2. Schreibe zu jedem ä-Wort (Nomen) das passende Grundwort mit „a“ (Verb).

das Gefängnis – *fangen*	der Schädling –
der Tänzer –	das Rätsel –
das Gebäck –	das Verhältnis –
das Gelächter –	der Behälter –
die Schlägerei –	die Fährte –
der Ankläger –	das Gebläse –

Name:

Wortverwandte suchen 2

1. Es geht um Adjektive: Trage die Wörter mit „a“ richtig in die Tabelle ein.

sanft, schwach, zahm, schwarz, arm, falsch, ~~glatt~~, lang, hart, stark, zart, arg

geglättet – glatt	geschwächt –
ärmlich	ärgerlich –
verlängert –	verstärkt –
gezähmt –	unverfälscht –
abgehärtet –	besänftigt –
zärtlich –	angeschwärzt –

2. Finde nun selbst zu den a-Wörtern ein oder mehrere Wortverwandte mit „ä“!

Land: Länder, ländlich, Ausländer, Gelände

Vater: __________

scharf: __________

fahren: __________

klagen: __________

krank: __________

warm: __________

Band: __________

Hahn: __________

lang: __________

Hand: __________

lachen: __________

Mann: __________

Schranke: __________

Kraft: __________

waschen: __________

packen: __________

Name:

Wortverwandte mit „a“ suchen

Beachte:
Ein **„ä“** kann nur im **Stamm** eines deutschen Wortes vorkommen, *nicht* in Vorsilben oder Endungen.

Wörter mit **„ä“** haben mindestens einen Verwandten mit **„a“**.

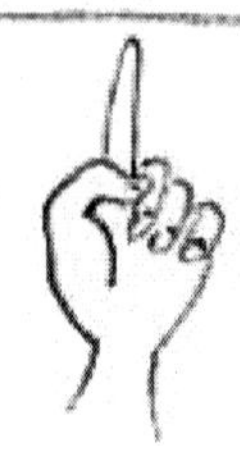

Finde zu jedem ä-Wort mindestens einen Verwandten mit „a“!

das Häppchen	der Happen	vordrängeln	____________
verjährt	____________	beifällig	____________
ländlich	____________	abgehärtet	____________
alltäglich	____________	allmächtig	____________
Leibwächter	____________	Doppelgänger	____________
europäisch	____________	einzwängen	____________
nachträglich	____________	bewässern	____________
Brände	____________	gehässig	____________
Plättchen	____________	hartnäckig	____________
schwärmen	____________	verängstigt	____________
behämmert	____________	lässig	____________
Späße	____________	spärlich	____________
stämmig	____________	unschädlich	____________
Schläger	____________	schwätzen	____________
verstärkt	____________	ungekämmt	____________
bekräftigen	____________	erbärmlich	____________
Knäckebrot	____________	Gärtner	____________
herummäkeln	____________	Zoowärter	____________
gesättigt	____________	zärtlich	____________
verächtlich	____________	regelmäßig	____________
verständnisvoll	____________	tatsächlich	____________
zusammenzählen	____________	Einzelgänger	____________
abschälen	____________	Empfänger	____________

Name:

ä-a: e oder ä? (Lückenwörter)

Nimm die Regel zu Hilfe und entscheide dich:

e oder ä?

umbl___ttern

abbr___msen

erg___nzen

best___rken

die Ern___hrung

die Einschr___nkung

das Hundegeb___ll

die Holzbr___tter

entsch___rfen

eintr___chtig

ein___ngen

verd___chtigen

das K___rtchen

f___stlich

der W___ttkampf

das P___ndel

die Verl___tzung

das Gef___ngnis

grunds___tzlich

griesgr___mig

die F___ttleibigkeit

fachm___nnisch

r___tselhaft

anr___mpeln

der Dir___ktor

die Beg___gnung

vern___tzt

st___mmig

das Verh___ltnis

f___tzig

unsch___tzbar

allgegenw___rtig

der Attent___ter

das K___nnzeichen

anh___nglich

vollz___hlig

die M___sslatte

der L___ckerbissen

Name:

e oder ä? (Text, Teil 1)

1. Was gehört in die Lücken: e oder ä?
Mithilfe der Ableitungsregel gelingt dir die Aufgabe bestimmt!

Ordnung ist das halbe Leben...
...mein Sohn lebt aber garantiert in der anderen H__lfte. Wie oft habe ich ihn schon gedr__ngt, __ndlich einmal sein Zimmer aufzuräumen. Erst g__stern wieder:
„Es ist wirklich l__ngst überf__llig! Entmülle bitte dein Zimmer, h__ng deine Hosen auf und befreie den Boden von den Abf__llen, damit wir mal putzen können. Ich möchte nicht wissen, was in deinem T__ppich alles klebt und lebt!"
Eine unmissverst__ndliche Ansage, wie ich finde. Aber Philip schaute mich nur mit großen Augen an und fragte:
„Wusstest du schon, dass wir t__glich ungefähr 28.000 Mal atmen?"
Er schob mich sanft zur Tür hinaus und ich stand __twas verdattert im Flur. Was habe ich als Erziehungsber__chtigte falsch gemacht? Dabei ist Philip kein schl__chter Kerl, nein, nur eben ein ganz klein wenig nachl__ssig...
Trotzdem ist mir r__tselhaft, wie man sich in solch einem Chaos und Dr__ck wohlfühlen kann. Alle waagrechten Fl__chen sind st__ndig belegt. Allein schon die Sitzgelegenheiten – drei an der Zahl. Auf dem Schreibtischstuhl soll eigentlich Philip s__lbst sitzen, auf den beiden kleinen S__sseln seine G__ste. Nun ist es aber so, dass auf dem blauen S__ssel seine Jacke, die Computerzeitschriften der l__tzten Jahrz__hnte, der Beutel mit dem Sportzeug, eine verg__ssene Mütze von seinem b__sten Freund, s__mtliche Schulh__fte und s__chs Paar Socken liegen. Auf dem g__lben Polstermöbel w__chst st__tig ein B__rg von H__mden, Pullovern, Unterhosen und Jeans. Sobald dort nichts mehr geht, wird auch noch der Stuhl bel__gt, so dass Philip beim Hausaufgabenmachen auf sein B__tt ausweichen muss. Der Besuch thront derweilen, be__ngstigend wackelnd, auf der Kommode zwischen Getr__nkedosen und einem m__terhohen Stapel ungel__sener Bücher.
Komischerweise erheben nicht mal die Mädchen Einw__nde gegen das Durcheinander.
Sie steigen and__chtig über alles drüber, was kniehoch den Fußboden zumüllt, einschließlich der Kn__ckebrotkrümel.
Selbstverst__ndlich ist auch der Tisch unter einer beeindruckenden Ansammlung unterschiedlichster Dinge vergraben: Zeitschriften, Handw__rkszeug, ein Notenst__nder,

Name:

e oder ä? (Text, Teil 2)

Bonbonpapiere, CDs, leere Geb__ckschachteln, angebissene Pl__tzchen und benutzte Gl__ser. Wie soll man sich hier __rnsthaft aufs L__rnen konzentrieren?

Aber ich w__chsele die Taktik und beh__rrsche mich. Kein Wort kommt mehr über meine Lippen. Mit Erfolg! Denn nach zehn Tagen m__ldet Philip ersten Prot__st an:

„Mama, was ist los? Hab' ich keine T-Shirts mehr? Sind die alle in der W__sche?"

„Nein."

„Aber es sind keine mehr im Schrank!"

„Dann wühle dich mal durch die verw__sende Materie in deinem Zimmer – du wirst fündig werden!"

Diese knappe Aufforderung s__tzt Philips Mundwerk kurzfristig außer Gef__cht und er l__chelt ein bisschen einf__ltig. Mit etwas höherer Lautst__rke füge ich hinzu:

„Vielleicht ziehst du aber b__sser vorher Gummihandschuhe an."

Leider ist Philip gegen derlei ironische Sch__rze kompl__tt immun. Zus__tzlich habe ich das Gefühl, dass er wohl auch immer noch nicht so ganz reif für eine grundlegende Ver__nderung ist.

Aber: Nach fünfzehn Tagen, als die T-Shirt-Situation sich drastisch versch__rft hat, tritt Philip doch tats__chlich mit mehreren Mülls__cken bewaffnet selbstst__ndig in Aktion!

„Die Basis einer gesunden Ordnung ist ein großer Papierkorb", ruft er mir im Vorbeigehen zu.

Nanu? Mein Sohn k__nnt Zitate von Kurt Tucholsky?

Das dritte Wunder geschieht am n__chsten Tag, denn wir rücken gemeinsam mit Staubsauger und Desinf__ktionsmitteln dem angesammelten Schmutz zu Leibe. Ich triumphiere heimlich.

Sollte meine R__chnung wirklich aufgehen?

Am Abend steht Philip beeindruckt vor einem blitzsauberen, plötzlich doch r__cht geräumigen Zimmer.

„Es gef__llt dir b__sser so, stimmt's?", frage ich z__rtlich.

„O ja", erwidert mein Sohn.

Er nickt noch einmal zur Bekr__ftigung. Dann zieht er seine Jacke aus. Sie landet auf dem blauen S__ssel…

2. Wer war Kurt Tucholsky? Recherchiere im Internet.

Name:

Schwierige Verwandte

Bei manchen Wörtern mit „ä“ sind die Verwandten nicht so leicht zu finden. Versuche es und verbinde die abgeleiteten Wörter mit ihrem Stammwort.

schämen:	die Mahd
ärgern:	arg
schmächtig:	der Krach
ändern:	entfachen
hässlich:	der Hang
hängen:	die Schranke
einschränken:	der Hass
bewältigen:	schmachten
krächzen:	der Alarm
Mädchen:	walten
mähen:	schaffen
ächzen:	anders
Beschäftigung:	ach
Lärm:	die Scham
fächeln:	die Magd
kläffen:	klaffen

Schreibe jetzt jedes abgeleitete Wort mit seinem Stammwort auf.

schämen die Scham

Name:

Nicht ableitbare Wörter mit kurzem ä (Seite 1)

**Es gibt einige Wörter mit *kurz* gesprochenem „ä“,
die keinen Verwandten mit „a“ haben.
Präge sie dir gut ein.**

der März
das Känguru
grässlich
rückwärts, seitwärts, vorwärts
das Geländer
die Dämmerung
plärren
ätzen
hätscheln
die Schärpe
plänkeln
läppern

1. Stelle dir für jedes Wort eine Szene vor und schreibe die Wörter einmal ab:

______________________ ______________________

______________________ ______________________

______________________ ______________________

______________________ ______________________

______________________ ______________________

______________________ ______________________

2. Schneide dir kleine Zettel aus, die in eine Streichholzschachtel passen.

- Schreibe die Merkwörter auf die Zettel und hebe diese in der Schachtel auf.
- Beschrifte die Schachtel mit „Merkwörter mit **kurzem ä**“.
- Nimm die Schachtel für eine Weile überallhin mit und wiederhole die Wörter immer wieder.

Name:

Nicht ableitbare Wörter mit kurzem ä (Seite 2)

3. Bilde mit jedem Merkwort einen Satz.

4. Decke die Merkwörter ab und schreibe sie noch einmal auswendig auf.

Name:

Nicht ableitbare Wörter mit langem ä (Seite 1)

Es gibt auch Wörter mit ***langem „ä“***, die **keinen** Verwandten mit „a“ haben und deshalb **nicht** ableitbar sind.
Da die **lang** gesprochenen Laute **/ä/** und **/e/** an sich **gut zu unterscheiden** sind, könntest du über das genaue ***Hören*** die richtige Schreibung herausfinden.
Gelingt dir dies nicht, dann lernst du die Merkwörter mit langem „ä“ auswendig.

Merkwörter mit langem ä :

Sehr häufige Wörter:

der Bär
die Träne
der Käse
der Käfer
der Käfig
die Säge
das Märchen
während
spät
ähnlich
gähnen
ungefähr
einprägen

Häufige Wörter:

erwähnen
fähig
schräg
zäh
allmählich
die Krähe
dämlich
das Gefäß
der Schädel
spähen
schäbig
gebären

Seltene Wörter:

träge
der Säbel
die Grätsche
jäten
gären
aufblähen
schäkern
hämisch
die Ähre (Getreide)

Name:

Nicht ableitbare Wörter mit langem ä (Seite 2)

Lerntipps:

1. **Nimm dir für diese ä-Merkwörter genügend Zeit und Ruhe!**
2. **Lies dir erst die *sehr häufigen* Wörter durch und stelle dir zu jedem Wort ein Bild oder eine Szene vor.**
   - Viele dieser Wörter wirst du schon kennen und auch richtig schreiben können.
3. **Verfahre genauso mit den *häufigen* Wörtern.**
4. **Denke dir zu jedem Wort einen Satz aus und schreibe ihn in dein Heft.**
5. **Schneide dir kleine Zettel aus, die in eine Streichholzschachtel passen.**
   - Schreibe zunächst die **sehr häufigen** und **häufigen** Merkwörter auf die Zettel und hebe diese in der leeren Schachtel auf.
   - Beschrifte die Schachtel mit „Merkwörter mit **langem ä**".
   - Nimm die Schachtel für eine Weile überallhin mit und wiederhole die Wörter immer wieder.
   - Versuche die Wörter auswendig auf einen Zettel zu schreiben.
   - Gelingt dir dies nicht, versuchst du es an drei hintereinander folgenden Tagen noch einmal.
6. **Mach drei Tage Pause von den Merkwörtern und versuche am 4. Tag noch einmal, sie auswendig aufzuschreiben.**
   - Hinter die Wörter, bei denen dir dies jetzt gelingt, machst du ein Häkchen.
   - Wiederhole das jeden Tag einmal und setze bei den gemerkten Wörtern die Häkchen.
   - Wenn du bei einem Kärtchen *drei* Häkchen setzen konntest, legst du es mit der Schrift nach unten in die Streichholzschachtel und kümmerst dich nun nur noch um die restlichen Wörter.
   - Irgendwann wirst du alle Wörter auswendig können. Mach zwei Wochen Pause.
   - Wiederhole dann alle Wörter noch einmal.
7. **Wenn du die sehr häufigen und häufigen ä-Merkwörter gut auswendig kannst, verfährst du mit den *seltenen* Wörtern genauso. Es sind ja zum Glück nicht so viele.**
8. **Zum Schluss schreibst du noch einmal ALLE ä-Merkwörter auf. Vergleiche mit den Listen.**
   - Die jetzt noch vergessenen oder falsch geschriebenen Wörter malst du auf ein großes Plakat und hängst dieses gut sichtbar in deinem Zimmer auf.
9. **Wenn du die Punkte 1 bis 7 ernsthaft durchgearbeitet hast, darfst du dich selber loben! Dann warst du wirklich fleißig und kannst dir etwas Schönes gönnen – einen spannenden Film vielleicht? ☺**

Name:

Informeller Abschlusstest mit Merkwörtern

Böse Träume

Meine Mutter erz__hlt mir oft, dass sie immer noch in regelm__ßigen Abst__nden von ihrer Abiturprüfung in Englisch träumt. Sie soll S__tze bilden, aber es fallen ihr absolut keine Wörter ein. J__mmerlich __chzt und stöhnt sie im Schlaf und wacht schweißdurchn__sst auf. Es folgen einige Minuten bel__mmerten Schweigens, bis es ihr langsam d__mmert, dass alles nur ein schl__chter Traum war, und ein Stein, nein, b__sser: ein ganzer F__ls fällt ihr vom H__rzen. Nun ist die tats__chliche Abiturprüfung meiner Mutter schon einige Jahrz__hnte her – und sie qu__lt sich immer noch damit herum. Was soll da ich __rst sagen, die ich im Hier und Jetzt mit Prüfungen konfrontiert bin, zum Beispiel heute, ausger__chnet am Montag. Auch ich habe ungef__hr einmal in der Woche gr__ssliche Albträume, in denen ich eine Klassenarbeit schreiben muss, mich mein Ged__chtnis aber kompl__tt im Stich l__sst und ich zudem noch vollkommen unf__hig bin, überhaupt den Stift f__stzuhalten. Aber das __nde des Traums bedeutet für mich nicht Erleichterung, sondern erb__rmliche Wirklichkeit. Ich muss mich n__mlich der Realität st__llen, und das heißt: Die sp__rlichen K__nntnisse aus meinem Sch__del hervorkramen und in einem jener d__mlichen F__cher mein B__stes versuchen, mit denen ich mich am liebsten überhaupt nicht n__her besch__ftigen würde: Mathematik. Igitt. Allein der Gedanke an Algebra und Geometrie löst bei mir feuchte H__nde und h__ftige G__hnkr__mpfe aus. Aber es hilft ja nichts, meine Situation kann ich im Augenblick nicht __ndern, so __rgerlich das auch ist. Ich prüfe also sorgf__ltig, ob ich w__nigstens die unerl__sslichen Ger__tschaften im M__ppchen habe: funktionsf__hige Kugelschreiber, gespitzte Bleistifte, Lineal, Spicker. Soweit ist alles b__stens. Noch kurz die Haare gek__mmt – weitere Körperpflege ist jetzt nebens__chlich – und dann vorw__rts Richtung Haltest__lle gerannt. Natürlich f__hrt mir der Bus vor der Nase weg, und für den n__chsten ist es zu sp__t. Also hole ich das Rad aus dem K__ller und strampele los. Mein Herz schl__gt mir bis zum Hals. Die Angst vor einem Totalausfall meines Gehirns w__chst von Minute zu Minute. Der Versuch, noch schn__ll ein paar Formeln zu rekapitulieren, scheitert kl__glich. Völlig atemlos erreiche ich das Schultor. Nanu, es ist noch geschlossen. Das ist ja schr__g! Ich sp__rre mein Rad ab und rüttele an den Gitterst ben. H tte ich auch nicht gedacht, dass ich hier mal quasi um Einlass b__tteln würde. Aber niemand kommt. Sehr r__tselhaft. Ich stehe __twas unschlüssig herum. Dann f__ngt die Kirchenglocke an zu bimmeln. Und w__hrend sie dies tut, geht mir __ndlich ein Licht auf: Heute ist erst Sonntag!

Name:

Fremdwörter mit ä: Endung -tät

Wörter mit ä in der Endsilbe sind *Fremd*wörter.
Hier findest du kein verwandtes Wort mit a,
aber du kannst die Silben leicht wiedererkennen.

1. Ergänze die Nomen auf -tät.

2. Schreibe die deutsche Bedeutung auf.

- Wenn du sie nicht kennst, schlägst du im Fremdwörterbuch nach oder suchst im Internet.

die Puber**tät** die Zeit des Eintritts in die Geschlechtsreife

die Solidari_____ ______________________________

die Nationali_____ ______________________________

die Quali_____ ______________________________

die Kreativi_____ ______________________________

die Autori_____ ______________________________

die Humani_____ ______________________________

die Sensibili_____ ______________________________

die Aktivi_____ ______________________________

3. Finde noch mehr Nomen mit -tät am Ende und notiere ihre Bedeutung.

- Als regelmäßiger Internetnutzer wird dir das nicht schwerfallen! ☺

Fremdwort:	**deutsche Bedeutung:**
____________________	______________________________
____________________	______________________________
____________________	______________________________
____________________	______________________________
____________________	______________________________
____________________	______________________________
____________________	______________________________

Name:

Fremdwörter mit ä: Endung -är

Fremdwörter auf -är

1. Setze die Endung -är ein und schreibe die deutsche Bedeutung auf.

pubert___ ______________________

autorit___ ______________________

inflation___ ______________________

ordin___ ______________________

station___ ______________________

vulg___ ______________________

regul___ ______________________

famili___ ______________________

totalit___ ______________________

muskul___ ______________________

der Million___ ______________________

der Pension___ ______________________

der Sekret___ ______________________

2. Füge die obigen Wörter in der richtigen Form in die Sätze ein.

Mein Opa ist ________________ und hat nun endlich Zeit für seine Briefmarkensammlung.

Er verhielt sich noch als Erwachsener häufig ________________ und kindisch.

Vielen Lehrern missfällt der ________________ Gebrauch des Wortes „Scheiße“ in der Schule.

Der Firmenchef war ein sehr ________________ Mensch. Alle kuschten vor ihm.

Der Patient wurde ________________ im Krankenhaus aufgenommen.

Sie liebte es, ihre Mitmenschen mit ________________ und derben Sprüchen zu schockieren.

Wegen ________________ Verpflichtungen konnte Herr Karl nicht am Betriebsausflug teilnehmen.

Seine Schmerzen im Rücken sind ________________ Ursprungs.

Das Emporstrecken des Mittelfingers ist eine ________________ Geste.

Wer würde nicht gerne ________________ sein?

Deutschland zur Zeit des Nationalsozialismus war ein ________________ Staat.

Ein ________________ ist sowohl ein Greifvogel als auch ein Beruf.

Nach der ________________ Spielzeit gab der Schiedsrichter noch 3 Minuten zu.

Lösungen zur Umlautableitung ä-a

Problemerkennung und Problemlösung

Hinweis für den Lehrenden:

Anhand von gezielt gestellten Fragen kann das Problem „Gleichklang von kurzem e und ä" erkannt und gelöst werden. Der Regelsatz, der dabei hilft, die richtige Schreibung herauszufinden, lautet:

Höre ich in einem Wort einen *kurz* gesprochenen **ä**-Laut, muss ich nur dann „ä" schreiben, wenn es ein verwandtes Wort mit „**a**" gibt.
Gibt es keines, schreibe ich „e".

Der Schüler soll zunächst selbstständig arbeiten; allerdings müssen seine Ergebnisse geprüft und besprochen werden, da auf das Verstehen der Regel die weitere Didaktik aufbaut.

In den Sätzen findest du fett gedruckte Wörter, in denen ein /ä/-Laut vorkommt. Manchmal wird der /ä/-Laut mit einem „ä" geschrieben, manchmal mit einem „e".

1: Lies die Sätze durch.

1. Wir gehen durch dunkle **Wälder** und über Stoppel**felder**.
2. Bei Sturm und schlechtem **Wetter** weht's vom Baum die **Blätter**.
3. Schon früh am Morgen schellt der **Wecker** für alle Brot- und Kuchen**bäcker**.
4. Durch viele Bundes**länder** schallt der Piraten**sender**.
5. Gegen diese Monster**welle** helfen keine Lärmschutz**wälle**.
6. Trotz Lehrer Hempels gefürchteter **Strenge**, schlagen die Schüler über die **Stränge**.
7. Genau hier an dieser **Stelle** standen früher Schweine**ställe**.
8. Gar lange **Nächte** fing der Angler keine **Hechte**.
9. Auch mancher **Engel** hat seine **Mängel**.

2: Schreibe die ä-Wörter und die e-Wörter getrennt in die Tabelle.

3. Schreibe zu jedem Wort mindestens ein Wort mit dem gleichen Stamm dazu.
Mögliche Lösungen:

Wälder: Wald, bewaldet	**Felder: Feld, Spielfeld**
Blätter: das Blatt	Wetter: das Unwetter, wetterfest
Bäcker: backen, du backst	Wecker: wecken, aufwecken, geweckt
Länder: das Land, die Landschaft, landen	Sender: senden, ausgesendet
Wälle: der Wall, die Wallanlage	Welle: die Wellen, wellig
Stränge: der Strang	Strenge: streng, angestrengt
Ställe: der Stall, der Hühnerstall	Stelle: die Stellen, stellenweise, die Stellung
Nächte: die Nacht, nachts, übernachten	Hechte: der Hecht, hechten
Mängel: mangeln, der Mangel	Engel: engelsgleich, die Engelsgeduld

Aufgabe 4: Stelle Vermutungen darüber an, wann man ein Wort mit „ä" schreibt. Halte deine Beobachtungen hier fest:
Mögliche Antwort:
Ein Wort schreibt man dann mit „ä", wenn es einen Wortverwandten mit „a" hat.

ä-Wörter suchen im Text und Wortverwandte mit a finden

Hinweis für den Lehrenden:
Bei den Ableitungen zu „überwältigend“ und „Geschäft“ darf, wenn nötig, geholfen werden. Der Stamm von „Gespräch“ ist nicht eindeutig: sprechen und Sprache. Der lange ä-Laut ist jedoch bei korrekter Aussprache hörbar.

Hast du schon einmal von Sri Lanka gehört?
Es ist eines der schönsten Länder der Welt. Der Inselstaat liegt südöstlich von Indien im Indischen Ozean und ist 445 km lang und 225 km breit. Dank der Nähe zum Äquator herrschen tropische Temperaturen mit milden Nächten. Im Durchschnitt hat es 29° Grad, wobei der kälteste Monat der Januar ist und der wärmste der Mai.
Die Landschaft Sri Lankas ist überwältigend: Lange Palmenstrände aus weißem Sand, azurblaues Meer mit behaglichen Temperaturen, ein Hochland mit riesigen Teeplantagen, antike Königsstädte, farbenprächtige Tempelanlagen und Paläste, mächtige Buddha-Statuen, bunte Marktplätze und riesige Safariparks. Dazu kommt der ganz besondere Duft, der Sri Lanka kennzeichnet und der unter anderem von den vielfältigen Gewürzen herrührt, die auf der Insel wachsen. Und selbstverständlich dürfen auch die Menschen nicht vergessen werden, die stets fröhlich lächeln und die Ausländer gerne auf Englisch oder sogar auf Deutsch in ein längeres Gespräch verwickeln. Typische Fragen sind: „Wie heißt du? Woher kommst du? Wie lange bleibst du? Gefällt dir Sri Lanka?“ Manch einer möchte natürlich auch mit den Touristen Geschäfte machen oder ihnen eine Dienstleistung aufdrängen. Aber das ist verständlich, denn in Sri Lanka haben viele Familien nicht mehr als 150,- Euro im Monat zur Verfügung, so dass die Männer versuchen müssen, als fliegende Händler irgendetwas zu verkaufen: Nahezu alles, von Edelsteinen, Schmuck, Kräutern, Tee, Safaris bis hin zu Haschisch wird angeboten. Insofern ist in Sri Lanka nicht nur „heile Welt“ zu finden. Der Unterschied zwischen Arm und Reich ist groß, die Telekommunikation ist in weiten Teilen noch rückständig, Stromausfälle sind alltäglich, die Verkehrsverhältnisse sind chaotisch, die Fahrpläne unzuverlässig. Eine echte Quälerei ist beispielsweise die Fahrt mit einem staatlichen Bus. Manchmal sitzt der Fahrer statt auf einem fest angeschraubten Sitz tatsächlich auf einem einfachen Holzstuhl, der entsprechend herumrutscht und kein sicheres Lenken möglich macht. Der Fahrstil ist allgemein unsäglich, und außerdem sind die Stoßdämpfer meistens so kaputt, dass das Frühstück der Fahrgäste bei jedem der vielen Schlaglöcher wieder Richtung Kehle befördert wird. Für jemanden, den dies alles nicht ängstigt, ist Sri Lanka aber ein reizvolles und zudem sehr preiswertes Reiseland.

Wörter mit „ä“:	Verwandte mit „a“:	Wörter mit „ä“:	Verwandte mit „a“:
Länder	das Land	Geschäft	schaffen
Nähe	nah	aufdrängen	Drang
Nächte	Nacht	verständlich	Verstand
kälteste	kalt	Männer	Mann
wärmste	warm	Händler	handeln
überwältigend	Gewalt	rückständig	Rückstand
Palmenstrände	Palmenstrand	Stromausfälle	Stromausfall
Königsstädte	Königsstadt	alltäglich	Alltag
farbenprächtige	Pracht	Verkehrsverhältnisse	verhalten
Paläste	Palast	Fahrpläne	Fahrplan
mächtige	Macht	unzuverlässig	verlassen
Marktplätze	Marktplatz	Quälerei	Qual
vielfältige	Vielfalt	tatsächlich	Tatsache
selbstverständlich	Verstand	unsäglich	sagen
lächeln	lachen	Stoßdämpfer	Dampf
Ausländer	Ausland	Fahrgäste	Fahrgast
längeres	lang	ängstigt	Angst
gefällt	gefallen		

Wortverwandte suchen 1

<u>Hinweise für den Lehrenden:</u>
Vertiefende Übung, die das Finden von Ableitungen trainiert und gleichzeitig den Wortschatz erweitert.

---

1. Verbinde das <u>ä-Wort</u> mit <u>seinem a-Verwandten</u> und schreibe beide Wörter auf die Zeilen.
Beispiel: täglich – Tag

täglich
Erkältung
Ärmel
nächster
quälen
ungeklärt
Wächter
kräftig
volljährig
hässlich
allmächtig
fällig

Arm
nah
klar
wachen
Kraft
Tag
Hass
kalt
Macht
fallen
Jahr
Qual

täglich	*Tag*
Erkältung	kalt
Ärmel	Arm
nächster	nah
quälen	Qual
ungeklärt	klar
Wächter	wachen
kräftig	Kraft
volljährig	Jahr
hässlich	Hass
allmächtig	Macht
fällig	fallen

2. Schreibe zu jedem ä-Wort (Nomen) das passende Grundwort mit „a“ (Verb).

das Gefängnis – *fangen*	der Schädling – schaden
der Tänzer – tanzen	das Rätsel – raten
das Gebäck – backen	das Verhältnis – verhalten
das Gelächter – lachen	der Behälter – (be-)halten
die Schlägerei – schlagen	die Fährte – fahren
der Ankläger – (an-)klagen	das Gebläse – blasen

Wortverwandte suchen 2

1. Es geht um Adjektive: Trage die Wörter mit „a" richtig in die Tabelle ein.

sanft, schwach, zahm, schwarz, arm, falsch, ~~glatt~~, lang, hart, stark, zart, arg

geglättet – glatt	geschwächt – schwach
ärmlich – arm	ärgerlich – arg
verlängert – lang	verstärkt – stark
gezähmt – zahm	unverfälscht – falsch
abgehärtet – hart	besänftigt – sanft
zärtlich – zart	angeschwärzt – schwarz

2. Finde nun selbst zu den a-Wörtern ein oder mehrere Wortverwandte mit „ä"!

Land: die Länder, ländlich, der Ausländer, das Gelände

Vater: die Väter, väterlich

scharf: schärfer, am schärfsten, die Schärfe, verschärft, entschärft

fahren: du fährst, er fährt, die Fähre, die Fährte

klagen: kläglich, der Ankläger, die Klägerin

krank: kränker, am kränksten, kränklich

warm: wärmer, am wärmsten, die Wärme, wärmstens, angewärmt, aufwärmen

Band: die Bänder, das Bändchen, bändigen, der Bändiger

Hahn: die Hähne, das Hähnchen

lang: länger, am längsten, verlängert, länglich, die Länge

Hand: die Hände, das Händchen, der Händler

lachen: das Gelächter, lächeln, du lächelst, anlächeln

Mann: die Männer, das Männchen, männlich

Schranke: einschränken, verschränkt, beschränkt

Kraft: die Kräfte, kräftig, entkräftet

waschen: die Wäsche, die Wäscherin, du wäschst, er wäscht

packen: das Gepäck, das Päckchen

Wortverwandte mit „a“ suchen

Hinweis für den Lehrenden:
Hier ist das Finden von Wortverwandten etwas schwieriger, da der Zusammenhang zwischen Stammwort und Ableitungswort nicht unbedingt auf den ersten Blick erkennbar ist.

Finde zu jedem ä-Wort mindestens einen Verwandten mit „a“!

das Häppchen	**der Happen**	vordrängeln	**der Drang**
verjährt	**das Jahr**	beifällig	**der Beifall**
ländlich	**das Land, landen**	abgehärtet	**hart**
alltäglich	**der Tag**	allmächtig	**die Allmacht, die Macht**
Leibwächter	**wachen**	Doppelgänger	**der Gang**
europäisch	**Europa**	einzwängen	**der Zwang**
nachträglich	**tragen, Trage**	bewässern	**das Wasser**
Brände	**der Brand**	gehässig	**der Hass**
Plättchen	**die Platte**	hartnäckig	**der Nacken**
schwärmen	**der Schwarm**	verängstigt	**die Angst**
behämmert	**der Hammer**	lässig	**lassen**
Späße	**der Spaß, spaßig**	spärlich	**sparen**
stämmig	**der Stamm**	unschädlich	**schaden**
Schläger	**schlagen**	schwätzen	**der Schwatz**
verstärkt	**stark**	ungekämmt	**der Kamm**
bekräftigen	**die Kraft**	erbärmlich	**das Erbarmen**
Knäckebrot	**knacken**	Gärtner	**der Garten**
herummäkeln	**der Makel**	Zoowärter	**warten, die Wartung**
gesättigt	**satt**	zärtlich	**zart**
verächtlich	**verachten, Achtung**	regelmäßig	**das Maß**
verständnisvoll	**verstanden**	tatsächlich	**die Sache**
zusammenzählen	**die Zahl**	Einzelgänger	**der Gang**
abschälen	**die Schale**	Empfänger	**der Empfang, empfangen**

ä-a: e oder ä? (Lückenwörter)

Hinweis für den Lehrenden:

Wenn die Regel zur Umlautableitung verstanden und das Finden von Wortverwandten geübt wurde, kann mithilfe von Lückenwörtern die kognitive Entscheidung zwischen e und ä provoziert werden, ohne dass die Ähnlichkeitshemmung befürchtet werden muss.

Gegebenenfalls wird zuerst noch einmal die Regel wiederholt:

> Höre ich in einem Wort einen kurzen ä-Laut, muss ich nur dann „ä" schreiben,
> wenn es ein verwandtes Wort mit „a" gibt.
> Gibt es keines, schreibe ich „e".

Nimm die Regel zu Hilfe und entscheide dich: e oder ä?

umblättern (Blatt)
abbremsen
ergänzen (ganz)
bestärken (stark)
die Ernährung (Nahrung)
die Einschränkung (Schranke)
das Hundegebell
die Holzbretter
entschärfen (scharf)
einträchtig (Eintracht)
einengen
verdächtigen (Verdacht)
das Kärtchen (Karte)
festlich
der Wettkampf
das Pendel
die Verletzung
das Gefängnis (gefangen)
grundsätzlich (Grundsatz)

griesgrämig (Griesgram)
die Fettleibigkeit
fachmännisch (Fachmann)
rätselhaft (raten)
anrempeln
der Direktor
die Begegnung
vernetzt
stämmig (Stamm)
das Verhältnis (verhalten)
fetzig
unschätzbar (Schatz)
allgegenwärtig (Gegenwart)
der Attentäter (Attentat)
das Kennzeichen
anhänglich (Hang)
vollzählig (Zahl)
die Messlatte
der Leckerbissen

e oder ä? (Text)

1. Was gehört in die Lücken: e oder ä?

Ordnung ist das halbe Leben…
…mein Sohn lebt aber garantiert in der anderen Hälfte. Wie oft habe ich ihn schon gedrängt, endlich einmal sein Zimmer aufzuräumen. Erst gestern wieder:
„Es ist wirklich längst überfällig! Entmülle bitte dein Zimmer, häng deine Hosen auf und befreie den Boden von den Abfällen, damit wir mal putzen können. Ich möchte nicht wissen, was in deinem Teppich alles klebt und lebt!"
Eine unmissverständliche Ansage, wie ich finde. Aber Philip schaute mich nur mit großen Augen an und fragte:
„Wusstest du schon, dass wir täglich ungefähr 28.000 Mal atmen?"
Er schob mich sanft zur Tür hinaus und ich stand etwas verdattert im Flur. Was habe ich als Erziehungsberechtigte falsch gemacht? Dabei ist Philip kein schlechter Kerl, nein, nur eben ein ganz klein wenig nachlässig…
Trotzdem ist mir rätselhaft, wie man sich in solch einem Chaos und Dreck wohlfühlen kann. Alle waagrechten Flächen sind ständig belegt. Allein schon die Sitzgelegenheiten – drei an der Zahl. Auf dem Schreibtischstuhl soll eigentlich Philip selbst sitzen, auf den beiden kleinen Sesseln seine Gäste. Nun ist es aber so, dass auf dem blauen Sessel seine Jacke, die Computerzeitschriften der letzten Jahrzehnte, der Beutel mit dem Sportzeug, eine vergessene Mütze von seinem besten Freund, sämtliche Schulhefte und sechs Paar Socken liegen. Auf dem gelben Polstermöbel wächst stetig ein Berg von Hemden, Pullovern, Unterhosen und Jeans. Sobald dort nichts mehr geht, wird auch noch der Stuhl belegt, so dass Philip beim Hausaufgabenmachen auf sein Bett ausweichen muss. Der Besuch thront derweilen, beängstigend wackelnd, auf der Kommode zwischen Getränkedosen und einem meterhohen Stapel ungelesener Bücher.
Komischerweise erheben nicht mal die Mädchen Einwände gegen das Durcheinander.
Sie steigen andächtig über alles drüber, was kniehoch den Fußboden zumüllt, einschließlich der Knäckebrotkrümel.
Selbstverständlich ist auch der Tisch unter einer beeindruckenden Ansammlung unterschiedlichster Dinge vergraben: Zeitschriften, Handwerkszeug, ein Notenständer, Bonbonpapiere, CDs, leere Gebäckschachteln, angebissene Plätzchen und benutzte Gläser. Wie soll man sich hier ernsthaft aufs Lernen konzentrieren?
Aber ich wechsele die Taktik und beherrsche mich. Kein Wort kommt mehr über meine Lippen. Mit Erfolg! Denn nach zehn Tagen meldet Philip ersten Protest an:
„Mama, was ist los? Hab' ich keine T-Shirts mehr? Sind die alle in der Wäsche?"
„Nein."
„Aber es sind keine mehr im Schrank!"
„Dann wühle dich mal durch die verwesende Materie in deinem Zimmer – du wirst fündig werden!"
Diese knappe Aufforderung setzt Philips Mundwerk kurzfristig außer Gefecht und er lächelt ein bisschen einfältig. Mit etwas höherer Lautstärke füge ich hinzu: „Vielleicht ziehst du aber besser vorher Gummihandschuhe an."
Leider ist Philip gegen derlei ironische Scherze komplett immun. Zusätzlich habe ich das Gefühl, dass er wohl auch immer noch nicht so ganz reif für eine grundlegende Veränderung ist.
Aber: Nach fünfzehn Tagen, als die T-Shirt-Situation sich drastisch verschärft hat, tritt Philip doch tatsächlich mit mehreren Müllsäcken bewaffnet selbstständig in Aktion!
„Die Basis einer gesunden Ordnung ist ein großer Papierkorb", ruft er mir im Vorbeigehen zu. Nanu? Mein Sohn kennt Zitate von Kurt Tucholsky?
Das dritte Wunder geschieht am nächsten Tag, denn wir rücken gemeinsam mit Staubsauger und Desinfektionsmitteln dem angesammelten Schmutz zu Leibe. Ich triumphiere heimlich. Sollte meine Rechnung wirklich aufgehen?
Am Abend steht Philip beeindruckt vor einem blitzsauberen, plötzlich doch recht geräumigen Zimmer. „Es gefällt dir besser so, stimmt's?", frage ich zärtlich. „O ja", erwidert mein Sohn. Er nickt noch einmal zur Bekräftigung. Dann zieht er seine Jacke aus. Sie landet auf dem blauen Sessel…

Schwierige Verwandte

Bei manchen Wörtern mit „ä" sind die Verwandten nicht so leicht zu finden. Versuche es und verbinde die abgeleiteten Wörter mit ihrem Stammwort.

schämen:	die Mahd
ärgern:	arg
schmächtig:	der Krach
ändern:	entfachen
hässlich:	der Hang
hängen:	die Schranke
einschränken:	der Hass
bewältigen:	schmachten
krächzen:	der Alarm
Mädchen:	walten
mähen:	schaffen
ächzen:	anders
Beschäftigung:	ach
Lärm:	die Scham
fächeln:	die Magd
kläffen:	klaffen

Schreibe jetzt jedes abgeleitete Wort mit seinem Stammwort auf.

schämen	die Scham
ärgern	arg
schmächtig	schmachten
ändern	anders
hässlich	der Hass
hängen	der Hang
einschränken	die Schranke
bewältigen	walten
krächzen	der Krach
Mädchen	die Magd
mähen	die Mahd
ächzen	anders
Beschäftigung	schaffen
Lärm	der Alarm
fächeln	entfachen
kläffen	klaffen

Informeller Abschlusstest mit Merkwörtern

Hinweis für den Lehrenden:
Der Lückentext hat noch einmal die Ableitungsregel zu a-ä und einige Merkwörter zum Thema. Eine Benotung wird nicht angestrebt, sondern er sollte als *informeller* Abschlusstest genommen werden, um anhand eventueller Fehler hinsichtlich der behandelten Fördersequenz feststellen zu können, wo es noch „hakt“: Wurde die Regel nicht verstanden? Mangelt es am Wortschatz oder an der Automatisierung? Sind die Merkwörter noch nicht sicher gespeichert?

Der Text könnte natürlich auch diktiert werden. Der Fokus der Fehlerbesprechung sollte aber auch dann auf der Umlautableitung a-ä liegen.

Böse Träume
Meine Mutter erzählt mir oft, dass sie immer noch in regelmäßigen Abständen von ihrer Abiturprüfung in Englisch träumt. Sie soll Sätze bilden, aber es fallen ihr absolut keine Wörter ein. Jämmerlich ächzt und stöhnt sie im Schlaf und wacht schweißdurchnässt auf. Es folgen einige Minuten belämmerten Schweigens, bis es ihr langsam dämmert, dass alles nur ein schlechter Traum war, und ein Stein, nein, besser: ein ganzer Fels fällt ihr vom Herzen.
Nun ist die tatsächliche Abiturprüfung meiner Mutter schon einige Jahrzehnte her – und sie quält sich immer noch damit herum. Was soll da ich erst sagen, die ich im Hier und Jetzt mit Prüfungen konfrontiert bin, zum Beispiel heute, ausgerechnet am Montag. Auch ich habe ungefähr einmal in der Woche grässliche Albträume, in denen ich eine Klassenarbeit schreiben muss, mich mein Gedächtnis aber komplett im Stich lässt und ich zudem noch vollkommen unfähig bin, überhaupt den Stift festzuhalten. Aber das Ende des Traums bedeutet für mich nicht Erleichterung, sondern erbärmliche Wirklichkeit. Ich muss mich nämlich der Realität stellen, und das heißt: Die spärlichen Kenntnisse aus meinem Schädel hervorkramen und in einem jener dämlichen Fächer mein Bestes versuchen, mit denen ich mich am liebsten überhaupt nicht näher beschäftigen würde: Mathematik. Igitt. Allein der Gedanke an Algebra und Geometrie löst bei mir feuchte Hände und heftige Gähnkrämpfe aus. Aber es hilft ja nichts, meine Situation kann ich im Augenblick nicht ändern, so ärgerlich das auch ist. Ich prüfe also sorgfältig, ob ich wenigstens die unerlässlichen Gerätschaften im Mäppchen habe: funktionsfähige Kugelschreiber, gespitzte Bleistifte, Lineal, Spicker. Soweit ist alles bestens. Noch kurz die Haare gekämmt – weitere Körperpflege ist jetzt nebensächlich – und dann vorwärts Richtung Haltestelle gerannt. Natürlich fährt mir der Bus vor der Nase weg, und für den nächsten ist es zu spät. Also hole ich das Rad aus dem Keller und strampele los. Mein Herz schlägt mir bis zum Hals. Die Angst vor einem Totalausfall meines Gehirns wächst von Minute zu Minute. Der Versuch, noch schnell ein paar Formeln zu rekapitulieren, scheitert kläglich. Völlig atemlos erreiche ich das Schultor. Nanu, es ist noch geschlossen. Das ist ja schräg! Ich sperre mein Rad ab und rüttele an den Gitterstäben. Hätte ich auch nicht gedacht, dass ich hier mal quasi um Einlass betteln würde. Aber niemand kommt. Sehr rätselhaft. Ich stehe etwas unschlüssig herum. Dann fängt die Kirchenglocke an zu bimmeln. Und während sie dies tut, geht mir endlich ein Licht auf: Heute ist erst Sonntag!

Schwer ableitbare Wörter: ächzt, ändern, ärgerlich,
Merkwörter: dämmert, ungefähr, grässliche, unfähig, Schädel, dämlich, Gähn(-krämpfe), funktionsfähige, vorwärts, spät, schräg, während

Fremdwörter mit ä: Endung -tät

Hinweis für den Lehrenden:
Auf Fremdwörter treffen die Regeln zur deutschen Orthographie meist nicht zu. So gibt es beispielsweise zu Fremdwörtern mit ä keinen Verwandten mit a. Man muss sich vielmehr die beiden Endungen merken, in denen das ä steht: -tät und -är. In deutschen Wörtern wiederum kann in Endungen oder Nachsilben NIE ein ä vorkommen!
Bei der vorliegenden Übung geht es um die Endung -tät.

---

1. Ergänze die Nomen auf -tät.
2. Schreibe die deutsche Bedeutung auf.
- Wenn du sie nicht kennst, schlägst du im Fremdwörterbuch nach oder suchst im Internet.

die Puber**tät**	die Zeit des Eintritts in die Geschlechtsreife
die Solidari**tät**	Zusammengehörigkeit, Verbundenheit
die Nationali**tät**	Zugehörigkeit zu einer Nation (zu einer politischen Gemeinschaft)
die Quali**tät**	Art, Beschaffenheit, Eigenschaft, Sorte, Güte, Brauchbarkeit
die Kreativi**tät**	schöpferische Kraft, Einfallsreichtum
die Autori**tät**	Geltung, Ansehen, maßgeblicher Einfluss, anerkannter Fachmann
die Humani**tät**	echte Menschlichkeit, Sinn für das Gute und Edle im Menschen
die Sensibili**tät**	Empfindsamkeit, Feinfühligkeit
die Aktivi**tät**	Tätigkeit, Wirksamkeit, Wirkungsfähigkeit

3. Finde noch mehr Nomen mit -tät am Ende und notiere ihre Bedeutung.
- Als regelmäßiger Internetnutzer wird dir das nicht schwerfallen! ☺

Mögliche Lösungen (es gibt sehr viele Wörter mit -tät am Ende):

Banalität, Naivität, Identität, Immunität, Kapazität, Labilität, Loyalität, Priorität, Quantität, Rentabilität, Nervosität, Relativität, Rarität, Intimität, Sexualität, Intensität, Bonität, Novität, Souveränität, Agilität, Egalität, Legalität, Egalität, Gravität, Rivalität, Absurdität, Antiquität, Brutalität, Extremität, Formalität, Liquidität, Stabilität usw.

Fremdwörter mit ä: Endung -är

Hinweis für den Lehrenden:
Auf Fremdwörter treffen die Regeln zur deutschen Orthographie meist nicht zu. So gibt es beispielsweise zu Fremdwörtern mit ä keinen Verwandten mit a. Man muss sich vielmehr die beiden Endungen merken, in denen das ä steht: -tät und -är. In deutschen Wörtern wiederum kann in Endungen oder Nachsilben NIE ein ä vorkommen!
Bei der vorliegenden Übung geht es um die Endung -är.

---

1. Setze die Endung -är ein und schreibe die deutsche Bedeutung auf.

pubert**är**	jugendlich, halbwüchsig, unmündig
autorit**är**	herrisch, streng, Gehorsam fordernd
inflation**är**	übermäßig häufig, die Inflation betreffend (= Geldentwertung)
ordin**är**	alltäglich, gewöhnlich, unanständig, unfein, unsittlich
station**är**	ruhend; bleibend; ortsfest; die Behandlung im Krankenhaus erhaltend
vulg**är**	schlicht, unqualifiziert; schmutzig, unanständig
regul**är**	den gewöhnlichen Umständen entsprechend, den Regeln und Vorschriften entsprechend
famili**är**	die Familie betreffend; eng verbunden, ohne Zwang
totalit**är**	sich alles unterwerfend; die Gesamtheit umfassend
muskul**är**	die Muskeln betreffend
der Million**är**	eine Person, die mindestens 1 Million in der Landeswährung besitzt, z.B. 1 Mio. Euro
der Pension**är**	Rentner; Ruheständler
der Sekret**är**	Beruf in der Verwaltung mit Büro- und Assistenzaufgaben

3. Füge die obigen Wörter in der richtigen Form in die Sätze ein.

Mein Opa ist **Pensionär** und hat nun endlich Zeit für seine Briefmarkensammlung.

Er verhielt sich noch als Erwachsener häufig **pubertär** und kindisch.

Vielen Lehrern missfällt der **inflationäre** Gebrauch des Wortes „Scheiße" in der Schule.

Der Firmenchef war ein sehr **autoritärer** Mensch. Alle kuschten vor ihm.

Der Patient wurde **stationär** im Krankenhaus aufgenommen.

Sie liebte es, ihre Mitmenschen mit **vulgären** und derben Sprüchen zu schockieren.

Wegen **familiärer** Verpflichtungen konnte Herr Karl nicht am Betriebsausflug teilnehmen.

Seine Schmerzen im Rücken sind **muskulären** Ursprungs.

Das Emporstrecken des Mittelfingers ist eine **ordinäre** Geste.

Wer würde nicht gerne **Millionär** sein?

Deutschland zur Zeit des Nationalsozialismus war ein **totalitärer** Staat.

Ein **Sekretär** ist sowohl ein Greifvogel als auch ein Beruf.

Nach der **regulären** Spielzeit gab der Schiedsrichter noch 3 Minuten zu.

Übungen zur Auslautableitung b-p

Name:

Einführung: Grundlegendes zur Auslautableitung

Allgemeine Hinweise: Grundlegendes zur Auslautableitung

Da im Deutschen die Morphemkonstanz (das Stammprinzip) das phonologische Prinzip (die Laut-Zeichen-Zuordnung) überlagert, bewahren Morpheme (= kleinste bedeutungstragende Einheiten) im Geschriebenen ihre Gestalt, auch wenn sie im Gesprochenen gewissen lautlichen Veränderungen unterworfen sind. Für die Schreibung der stimmhaften Verschlusslaute d, b, g bedeutet das, dass sie auch dort, wo sie beim Sprechen stimmlos und hart wie t, p und k klingen, als „d“, „b“ und „g“ verschriftet werden müssen. Beispiele:
Die Konsonanten /d/, /b/ und /g/ werden am Silben*anfang* stimmhaft („weich“) gesprochen:

Distel, la-den   Bett, ha-ben   Garten, le-gen

Am Wort- bzw. Silben*ende* und vor Konsonanten aber, nämlich dann, wenn *kein* Vokal folgt, sprechen wir den Laut stimmlos und „hart“, nämlich wie t, p und k:

/wilt, Wältchen/   /Kalp, er lept, Erlaupnis/   /Kruk, er lek-te, er lekt/

Die richtige Schreibung kann also an dieser Stelle *nicht* durch Lautanalyse herausgefunden werden. Wie kann sich nun der Schreiber helfen? Ganz einfach: Er muss das Wort so verändern, dass der betreffende Laut am Silben*anfang* steht und danach ein Vokal folgt:

wil-der, Wäld-er   Käl-ber, le-ben, erlau-ben   Krü-ge, le-gen

Nun sprechen wir diese Laute wieder stimm*haft* und können sie von den stimm*losen* Lauten unterscheiden.

Damit die Schüler den Sinn der diesbezüglichen Übungen verstehen, müssen sie erkennen, dass mündliche und schriftliche Sprache sich auch hier unterscheiden: Bei *Hand* spricht und hört man ein *t*, geschrieben werden muss aber ein „d“, weil es einen Verwandten mit „d“ gibt: *Hän-de*; die Schreibung folgt also der „Wortfamilie“! Die Schüler sollten ein Gespür für diese Stellen im Wort und für die betreffenden Laute entwickeln, damit sie hier besonders aufpassen und die für die korrekte Schreibung sinnvolle Strategie anwenden, nämlich das Finden von Wortverwandten, bei denen der betroffene Laut durch „Verlängerung“ am Silbenanfang zu stehen kommt.
Die Strategie könnte man also in etwa folgendermaßen formulieren:

Ich spreche und höre /Kalp/, schreibe aber „Kalb“, weil ich bei /Käl-ber/ ein /b/ höre.

Ähnliches gilt für „s“ und „z“:
Nach „l“ und „n“ hört sich „s“ wie /z/ an (Vergleiche *die Gans* und *ganz*). Auch hier kann der Trick mit der Verlängerung des Wortes in ein zweisilbiges angewandt werden:

eine Gan**s** – viele Gän-**se**
gan**z** – (im) Ga-n**z**en

Voraussetzung für den Erfolg der Verlängerungsstrategie ist natürlich, dass der Schüler weiche (stimmhafte) und harte (stimmlose) Laute sicher akustisch unterscheiden kann. Hörübungen mit Wörtern, bei denen die stimmhaften gut von den stimmlosen zu unterscheiden sind, sollten deshalb vorgeschaltet werden. Sie geben der Lehrkraft Einblick in die akustische Differenzierungsfähigkeit des Schülers, so dass ein sinnvoller Übungsverlauf festgelegt werden kann.
Da in einigen Dialektregionen nicht zwischen stimmhaften und stimmlosen Lauten unterschieden wird, müssen hier zusätzlich gezielte Übungen mit geschriebenen Wörtern angeboten werden, damit die Schüler die hochsprachlich richtige Aussprache kennenlernen und üben können.

Name:

Problemerkennung und Problemlösung

Die Olympischen Spiele
Die Olympischen Spiele der Antike sind nach ihrem Austragungsort Olympia im Nordwesten der griechischen Halbinsel Peloponnes benannt worden. Nach einer Pause von rund 1500 Jahren werden sie seit 1894 als Olympische Spiele der Neuzeit fortgesetzt. Sie finden alle vier Jahre statt. Es gibt die Olympischen Sommer- und Winterspiele, die im zweijährigen Rhythmus alternieren (wechseln). Die Olympischen Spiele sind neben der Tour de France und der Fußball-Weltmeisterschaft das bedeutendste Sportereignis der Welt.

Achtung!
Bei den an sich „weichen" Lauten **b**, **d** und **g** gibt es das Problem, dass wir sie am Silben- bzw. Wortende und vor einem Konsonanten „hart" sprechen. Zum Beispiel klingt „Grab" wie /Grap/. Man kann an dieser Stelle also *nicht* durch das genaue Hinhören herausfinden, ob man b oder p, d oder t, g oder k schreiben muss.

Die richtige Schreibung kann man sich durch einen Trick erschließen. Versuche ihn mithilfe der Beispiele herauszufinden. Fülle dann die Lücken.

Wörter rund um die Olympischen Spiele	Ableitungen
Sta***b***hochsprung	Stä-***b***e
Teilnehmerlan***d***	Län-***d***er
Sponsorenvertra***g***	Verträ-***g***e
Starterlau___nis	
Gesun___heitstests	
Erle___nis	
Han___ball	
Sportbun___	
angestre___t	
Anflu___	
Preisgel___	
Basketballkor___	
Wettkampfta__	

Name:

Ableitungen mit b üben

Am **Ende** von Wörtern und Silben klingt der **b**-Laut wie /**p**/.
Ob du nun **b oder p** schreiben musst,
kannst du durch die **Ableitung** des Wortes herausfinden:
Suche einen Verwandten, bei dem dieser Laut am **Anfang der Silbe** steht.

1. **Leite die Lückenwörter so ab, dass man „b“ als *weichen* Laut hören kann:**
   - Suche zu Nomen den Plural,
   - zu Adjektiven den Komparativ (die Vergleichsform),
   - zu Verben den Infinitiv (die Grundform).
2. **Schreibe die Ableitungen in Silben getrennt auf und unterstreiche „b“.**
3. **Fülle die Lücken.**

Fieberschu__
Er traf sie an der Turnhalle. Wieder fühlte er sich fie__rig. Es war nicht nur ihr Lei__, der ihn faszinierte. Sie lachte viel, oft waren ihre Späße der__. An ihre Jeansjacke war ein Smiley geheftet, rund und gel__. Hatte sie den Brief bekommen, den er ihr schrie__?
„Und?“, fragte er. „Alles wie geha__t!“, lächelte sie. So lie__ hatte er noch nie einen Kor__ bekommen. Sie ging. Und das Fieber blie__...

Wort	Ableitung	mit Silbentrennung
Fieberschub	Fieberschübe	Fieberschü-be

Name:

Ableitungen mit b vertiefen

1. **Lies den Text „In der Schwebe“ durch.**
2. **Suche zu den fett gedruckten Wörtern mit hartem b-Laut Wortverwandte, bei denen man das „b“ als weichen Laut hört.**

In der Schwebe

Thomas und Sonja sind die Eltern von Lars. In der Küche unterhalten sie sich über ihren Sohn.

Thomas: Das Glas hier ist nicht richtig **zugeschrau__t**. Wo steckt Lars denn heute schon wieder?

Sonja: Was **glau__st** du? Der ist mit Sven unterwegs.

Thomas: Und ich dachte, der **bewir__t** sich mal. So klappt das nie mit einem Job. Und dabei wird er nächste Woche **sie__zehn**.

Sonja: Soll er deswegen keine Freizeit mehr haben? Immerhin gehen die beiden raus, anstatt **trü__sinnig** zuhause zu hocken.

Thomas: Mit Sven!! Aus dem wird doch erst recht nichts. Ein Schulabbrecher ist das, der hat es doch völlig **versie__t**.

Sonja: Hast du dich eigentlich irgendwann einmal mit Sven unterhalten?

Thomas: Der hat doch eh' immer seine Kopfhörer auf.

Sonja: Der macht Musik. Und auf dem Schulfest habe ich ihn beim Breakdance gesehen. Wirklich gut, wie er das macht.

Thomas: Dafür kann er sich nichts kaufen.

Sonja: Nun mach mal halblang. Ganz ehrlich, ich finde, dass du mit deiner **Lie__losigkeit übertrei__st**. Nur weil du deinen **Schrei__warenladen** hast, bist du kein besserer Mensch. Es sind halt harte Zeiten. Und du ärgerst dich doch in Wirklichkeit über dich selbst, weil der Umsatz bei dir im Betrieb nicht reicht, um Lars einzustellen. Was die Jungen brauchen, sind **Erfolgserle__nisse**, und die kann man auch ohne Job haben.

Thomas grummelt etwas Unverständliches vor sich hin...

Wort	Ableitung
zugeschraubt	schrau-ben

Wort	Ableitung

Name:

Ableitungen mit b vertiefen

1. **Lies den Text „In der Schwebe“ durch.**
2. **Suche zu den fett gedruckten Wörtern mit hartem b-Laut Wortverwandte, bei denen man das „b“ als weichen Laut hört.**

In der Schwebe

Thomas und Sonja sind die Eltern von Lars. In der Küche unterhalten sie sich über ihren Sohn.

Thomas: Das Glas hier ist nicht richtig **zugeschrau__t**. Wo steckt Lars denn schon wieder?

Sonja: Was **glau__st** du? Der ist mit Sven unterwegs.

Thomas: Und ich dachte, der **bewir__t** sich mal. So klappt das nie mit einem Job. Der Schlendrian wird nächste Woche **sie__zehn**.

Sonja: Soll er deswegen keine Freizeit mehr haben? Immerhin gehen die beiden raus, anstatt **trü__sinnig** zuhause zu hocken.

Thomas: Mit Sven!! Aus dem wird doch erst recht nichts. Ein Schulabbrecher ist das, der hat es doch völlig **versie__t**. Der wartet doch auch nur darauf, dass er **er__t**.

Sonja: Hast du dich eigentlich irgendwann einmal mit Sven unterhalten?

Thomas: Der hat doch eh' immer seine Kopfhörer auf.

Sonja: Der macht Musik. Und auf dem Schulfest habe ich ihn beim Breakdance gesehen. Wirklich gut, wie er das macht.

Thomas: Dafür kann er sich nichts kaufen. Wir brauchen alle einen **Broterwer__**.

Sonja: Nun mach mal halblang. Ganz ehrlich, ich finde, dass du mit deiner **Lie__losigkeit übertrei__st**. Nur weil du deinen **Schrei__warenladen** hast, bist du kein besserer Mensch. Es sind halt harte Zeiten. Und du ärgerst dich doch in Wirklichkeit über dich **sel__st**, weil der Umsatz bei dir im **Betrie__** nicht reicht, um Lars einzustellen. Was die Jungen brauchen, sind **Erfolgserle__nisse**, und die kann man auch ohne Job haben.

Thomas grummelt etwas Unverständliches vor sich hin...

Wort	Ableitung
zugeschraubt	schrau-ben

Wort	Ableitung

Name:

Ableitungen mit b vertiefen

1. Lies den Text „In der Schwebe" durch.

In der Schwebe

Thomas und Sonja sind die Eltern von Lars. In der Küche unterhalten sie sich über ihren Sohn.

Thomas: Das Glas hier ist nicht richtig **zugeschrau__t**. Wo steckt Lars denn schon wieder?

Sonja: Was **glau__st** du? Der ist mit Sven unterwegs.

Thomas: Und ich dachte, der **bewir__t** sich mal. So klappt das nie mit einem **Jo__**. Er ist für alle guten Ratschläge **tau__** und dabei wird er nächste Woche **sie__zehn**!

Sonja: Soll er deswegen keine Freizeit mehr haben? Immerhin gehen die beiden raus, anstatt zuhause zu hocken und **Trü__sal** zu blasen.

Thomas: Aber dieser Sven!! Aus dem wird doch erst recht nichts. Ein Schulabbrecher ist das, der hat es doch völlig **versie__t**. Der wartet doch auch nur darauf, dass er **er__t**.

Sonja: Jetzt sei doch nicht so **gro__**! Hast du dich denn schon mal mit Sven unterhalten?

Thomas: Der hat doch eh' immer seine Kopfhörer auf.

Sonja: Der macht Musik. Und auf dem Schulfest habe ich ihn beim Breakdance gesehen. Wirklich gut, wie er das macht.

Thomas: Dafür kann er sich nichts kaufen. Die Gefahr der Arbeitslosigkeit **schwe__t** über uns allen. Jeder braucht einen **Broterwer__**.

Sonja: Nun mach mal **hal__lang**. Ganz ehrlich, ich finde, dass du mit deiner **Lie__losigkeit übertrei__st**. Nur weil du deinen **Schrei__warenladen** hast, bist du kein besserer Mensch. Es sind halt harte Zeiten. Und du ärgerst dich doch in Wirklichkeit über dich **sel__st**, weil der Umsatz bei dir im **Betrie__** nicht reicht, um Lars einzustellen. Was die Jungen brauchen, sind **Erfolgserle__nisse**, und die kann man auch ohne Arbeit haben.

Thomas grummelt etwas Unverständliches vor sich hin...

2. Schreibe zu jedem fett gedruckten Lückenwort einen Wortverwandten auf, bei dem das b als weicher Laut hörbar wird. (Achtung bei „Job"!)

Name:

Entscheidung zwischen b und p durch Ableitung fällen

Setze „b“ oder „p“ in die Lücken ein.
- Suche nach Wortverwandten, wenn du nicht weiterweißt.
- An manchen Stellen fehlen Doppelkonsonanten!

Was sich **lie__t**, das neckt sich.

Lars und Kira sind bei ihr im Zimmer.

*Lars **schrei__t**.*

Lars: Diese **Rechtschrei__übung rau__t** mir noch den letzten Nerv.

Kira: Nun **übertrei__** mal nicht. Sag mir lieber, warum dein Finger verbunden ist.

Lars: Den habe ich mir in der **Schu__lade** eingeklemmt, als ich sie reparieren wollte.

Kira: Du **le__st** ja ganz schön gefährlich!

Lars: Werde mal nicht frech, sonst **gi__t's** Haue! Und du? Wie geht's deiner Erkältung?

Kira: Heute Morgen war ich noch ziemlich **schla__ __**.

Lars: Dafür hast du die **Erlau__nis**, zuhause zu bleiben. Ganz schön praktisch.

Kira: **Lie__ling**, du bist einfach nur neidisch, stimmt's? Aber lass uns mal über das Wochenende reden: **Kla__ __t** das mit dem Kletterkurs?

Lars: Ich denke schon. Sven hat mir seine Ausrüstung und ein bisschen Geld **gepum__t**. Nun muss nur noch mein Finger wieder heil werden.

Kira: Ah, super. Ich freu mich schon so!

*Kira **wi__ __t** vor Aufregung mit dem Stuhl.*

Lars: Vorsicht, gleich **ki__ __st** du um. Hey, bist du **tau__**?

Kira (grinst frech): So etwas passiert mir nicht. Ich bin ja **gro__motorisch** nicht so ungeschickt und **plum__** wie du!

Name:

Entscheidung zwischen b und p durch Ableitung fällen

Setze „b“ oder „p“ in die Lücken ein.
- Suche nach Wortverwandten, wenn du nicht weiterweißt.
- An manchen Stellen fehlen Doppelkonsonanten!

Was sich **lie__t**, das neckt sich.

*Lars und Kira sind bei ihr im Zimmer. Wo man hinschaut Kleidungsstücke, Schulunterlagen und **verstau__te** CD-Hüllen.*

*Lars **schrei__t**.*

Lars: Diese **Rechtschrei__übung rau__t** mir noch den letzten Nerv.

Kira: Nun **übertrei__** mal nicht. Sag mir lieber, warum dein Finger verbunden ist.

Lars: Den habe ich mir in der **Schu__lade** eingeklemmt, als ich sie reparieren wollte.

Kira: Du **le__st** ja ganz schön gefährlich!

Lars: Werde mal nicht frech, sonst **gi__t's** Haue! Und du? Wie geht's deiner Erkältung? **Schwe__st** du noch in Lebensgefahr?

Kira: Sei doch nicht so **gro__**, du Flegel. Heute Morgen war ich wirklich noch ziemlich **schla__ __**. Meine Mutter **rie__** mich mit ätherischen Ölen ein, als wenn ich noch ein Baby wäre. Aber sie **glau__t** an das Zeug, und ich wollte sie nicht enttäuschen.

Lars: Dafür hast du die **Erlau__nis**, zuhause zu bleiben. Ganz schön praktisch.

Kira: **Lie__ling**, du bist einfach nur neidisch, stimmt's? Aber lass uns mal über das Wochenende reden: **Kla__ __t** das mit dem Kletterkurs?

Lars: Ich denke schon. Sven hat mir seine Ausrüstung und ein bisschen Geld **gepum__t**. Nun muss nur noch mein Finger wieder heil werden.

Kira: Ah, super. Ich freu mich schon so!

*Kira **wi__ __t** vor Aufregung mit dem Stuhl.*

Lars: Vorsicht, gleich **ki__ __st** du um. Hey, bist du **tau__**?

Kira (grinst frech): So etwas passiert mir nicht. Ich bin ja **gro__motorisch** nicht so ungeschickt und **plum__** wie du!

Name:

Entscheidung zwischen b und p durch Ableitung fällen

Setze „b“ oder „p“ in die Lücken ein.
- Suche nach Wortverwandten, wenn du nicht weiterweißt.
- An manchen Stellen fehlen Doppelkonsonanten!

Was sich lie__t, das neckt sich.

Lars und Kira sind bei ihm im Zimmer. Wo man hinschaut Kleidungsstücke, Schulunterlagen und verstau__te CD-Hüllen.

Lars schrei__t und seufzt und stöhnt.

Lars: Dieses Referat über Rau__vögel rau__t mir noch den letzten Nerv.

Kira: Nun übertrei__ mal nicht, du verdir__st mir noch die gute Laune! Sag mir lieber, warum dein Finger verbunden ist.

Lars: Den habe ich mir in der Schu__lade eingeklemmt, als ich sie reparieren wollte.

Kira: Du le__st ja ganz schön gefährlich!

Lars: Werde mal nicht frech, sonst gi__t's Haue! Und du? Wie geht's deiner Erkältung? Schwe__st du noch in Lebensgefahr?

Kira: Sei doch nicht so gro__, du Flegel. Heute Morgen war ich wirklich noch ziemlich schla__ __. Meine Mutter rie__ mich mit ätherischen Ölen ein, als wenn ich noch ein Baby wäre. Aber sie glau__t an das Zeug, und ich wollte sie nicht enttäuschen.

Lars: Dafür hast du die Erlau__nis, zuhause zu bleiben. Ganz schön praktisch.

Kira: Lie__ling, du bist einfach nur neidisch, stimmt's?

Kira schna__ __t sich einen Keks.

Lars: Sto__ __, das ist Die__stahl!

Kira he__t drohend den Zeigefinger.

Kira: Blei__ locker, alter Geizkragen, und lass uns mal über das Wochenende reden: Kla__ __t das denn nun mit dem Kletterkurs?

Lars: Ich denke schon. Sven hat mir seine Ausrüstung und ein bisschen Geld gepum__t. Nun muss nur noch mein Finger wieder heil werden.

Kira: Ah, super. Ich freu mich schon so!

Kira wi__ __t vor Aufregung mit dem Stuhl.

Lars: Vorsicht, gleich ki__ __st du um. Hey, bist du tau__?

Kira (grinst frech): So etwas passiert mir nicht. Ich bin ja gro__motorisch nicht so ungeschickt und plum__ wie du!

Name:

Merkwörter mit b (Seite 1)

Einige Wörter mit hartem b-Laut lassen sich *nicht* ableiten.
Du musst sie dir merken. Hier sind sie:

a**b**

o**b**

hü**b**sch

das O**b**st

der Her**b**st

der Kre**b**s

der Kno**b**lauch

die Er**b**se

das Pro**b**lem

der Mo**b** (wütende Menschenmenge)

der A**b**t (ein Geistlicher)

Lerntipps:

1. Schreibe jedes Merkwort dreimal ab.

Name:

Merkwörter mit b (Seite 2)

2. Schneide dir kleine Zettel aus, die in eine Streichholzschachtel passen.

- Schreibe die Merkwörter auf die Zettel, mische diese und hebe sie in der Schachtel auf.
- Beschrifte die Schachtel mit „Merkwörter mit **b**“.
- Nimm die Schachtel für eine Weile überallhin mit und wiederhole die Wörter immer wieder.
- Versuche, die Merkwörter *auswendig* aufzusagen, bis du dies dreimal hintereinander schaffst.

3. Sätze bilden oder Geschichte schreiben.

- Präge dir die Merkwörter ein, indem du mit jedem Wort einen Satz bildest und diesen aufschreibst.
- Natürlich können auch mehrere Merkwörter in einem Satz auftauchen. Vielleicht entsteht eine kleine Geschichte daraus.
- Hier findest du ein Beispiel:

Märchenwald
Es war **Herbst** im Märchenwald. Das **Obst** war schon lange von den Bäumen gefallen.
Die Prinzessin auf der **Erbse** räkelte sich in ihrem Bett.
Sie war **hübsch**, von Sternzeichen **Krebs** und sie hatte ein schweres Rücken**problem**.
Als sie an diesem Morgen in die Küche kam, merkte sie, dass sie den Geruch von **Knoblauch** nicht mehr ertrug.
„**Ob** mein Liebhaber, der Vampir, mich gestern Nacht gebissen hat?“, dachte sie bei sich.
Ab diesem Moment hatte sie Angst. Und als sie aus dem Fenster blickte, sah sie, dass sich bereits der **Mob** näherte.
Ein schwarzer **Abt** führte die Menge an, die gekommen war, ihr den Garaus zu machen.
(Doch wie sie sich retten konnte, verrate ich ein anderes Mal...)

4. Lerne deine Sätze oder die Geschichte auswendig.

- Decke sie immer wieder zu und wiederhole sie laut Satz für Satz, ohne auf das Geschriebene zu schauen.
- Suche dir dann einen Partner, dem du sie aufsagst.
- Wichtig ist hier nicht so sehr, dass du dir jeden Satz wortwörtlich merkst, sondern es kommt natürlich darauf an, dass du die Merkwörter gut im Gedächtnis speicherst.

Name:

Merkwörter mit p (Seite 1)

Auch einige Wörter mit p lassen sich *nicht* ableiten.
Lerne sie aber erst, wenn du die Merkwörter mit b bereits gut gespeichert hast.

das Hau**pt**
der Schna**ps**
der Kla**ps**
der Mo**ps**
der Klo**ps**
der Gi**ps**
der Schli**ps**
der Knir**ps**
rül**p**sen
der Siru**p**
das Reze**pt**
der Klem**p**ner

Lerntipps:

1. Merkwörter-Duell

- Suche dir für diese Übung einen Partner.
- Ihr bekommt beide einen Zettel, auf dem die Merkwörter stehen.
- Nehmt euch 15 Minuten Zeit, um euch auf das Duell vorzubereiten.
- Dann dreht ihr eure Zettel um und die erste Runde beginnt.
- Jeder schreibt alle Merkwörter auf, an die er sich erinnern kann, bis einer „Fertig!" sagt.
- Die Wörter werden gezählt, und wer die meisten Wörter wusste, hat die erste Runde gewonnen.
- Nun habt ihr 5 Minuten Zeit, euch alle Merkwörter noch einmal anzuschauen, und die zweite Runde beginnt.
- Das wiederholt ihr so lange, bis einer alle 12 Merkwörter wusste.
- Wer die meisten Runden gewonnen hat, ist der Sieger.

Name:

Merkwörter mit p (Seite 2)

2. Merkwort-Zettel

- Egal, ob du das Merkwörter-Duell gewonnen hast oder nicht: Schreibe alle 12 Wörter auswendig auf einen Zettel.
- Lege den Zettel zusammengefaltet in dein Zimmer und versuche am nächsten Morgen noch einmal, alle Merkwörter auswendig aufzuschreiben.
- Hast du welche vergessen? Noch mal aufschreiben!!

3. Fremdwörter mit pt

- Merke dir: Wenn du in Fremdwörtern /**pt**/ hörst, musst du das auch so schreiben!
- Ergänze die fehlenden Buchstaben:

prom___, O___ik, Ado___ion, Reze___

4. Schneide dir kleine Zettel aus, die in eine Streichholzschachtel passen.

- Schreibe die Merkwörter auf die Zettel, mische diese und hebe sie in der Schachtel auf.
- Beschrifte die Schachtel mit „Merkwörter mit **p**".
- Nimm die Schachtel für eine Weile überallhin mit und wiederhole die Wörter immer wieder.
- Versuche, die Merkwörter *auswendig* aufzusagen, bis du dies dreimal hintereinander schaffst.

5. Merkwörter-Duell-Ergebnistabelle

Tragt hier ein, wie viele Wörter jeder wusste.		
Runde	Spieler A Name:	Spieler B Name:
1		
2		
3		
4		
5		

Name:

Entscheidung b oder p (mit Merkwörtern)

Was fehlt hier: b oder p ?

Vorsicht: Es sind auch Merkwörter dabei!

Englischunterricht in Mexiko

Das Erlernen der englischen Sprache ist und blei__t für mexikanische Kinder genauso schwierig wie für deutsche. Im Spanischen spricht man hau__tsächlich so, wie man schrei__t oder ti__ __t. Das heißt, dass wirklich jeder einzelne Buchstabe ausgesprochen wird und dass es jeweils nur *eine* Möglichkeit für die Aussprache gi__t. Somit spricht jemand, der in Mexiko le__t, beispielsweise ein „a" tatsächlich auch wie ein „a" aus oder ein „u" wie ein „u". Das kann den mexikanischen Schülern niemand a__gewöhnen. Ein Wort vom Ty__ Substantiv, Ver__ oder Adjektiv, wie zum Beispiel „tomb", „knew" oder „busy" (richtige Aussprache in etwa: „tuum", „nju" und „bisi"), wird demnach oft Buchstabe für Buchstabe ausgesprochen, also wie /tomb/, /knew/ und /busi/. Ein weiteres Pro__lem besteht darin, dass im mexikanischen Spanisch (im Gegensatz zum Spanisch, das in Spanien gesprochen wird) kein „th-Laut" vorkommt. Anstelle dieses gelispelten Lautes spricht man in Mexiko einfach /t/: „Thank you" wird wie /tankiu/ ausgesprochen und „three" wie /tree/.

Solche und ähnliche Dinge schna__ __st du auf einer Reise durch Mexiko auf, im Zeltcam__ oder in der Stadt. O__ das wohl komisch klingt? Ja, das tut es. Aber diese Sprechweise gehört zu Mexiko wie Tequila (Schna__s) und bemalte Totenschädel aus Gi__s.

Schreibe noch einmal <u>alle</u> Merkwörter auf.

Merkwörter mit b:

____

____

____

Merkwörter mit p:

____

____

____

Lösungen zur Auslautableitung b-p

Problemerkennung und Problemlösung

Hinweis für den Lehrenden:
Die meisten Schüler werden die Verlängerungsstrategie schon einmal im Unterricht kennengelernt haben. In diesem Fall dient die Übung der Wiederholung.

Die richtige Schreibung kann man sich durch einen Trick erschließen.
Versuche ihn mithilfe der Beispiele herauszufinden. Fülle dann die Lücken.

Sta**b**hochsprung	→	Stä-**b**e
Teilnehmerlan**d**	→	Län-**d**er
Sponsorenvertra**g**	→	Verträ-**g**e
Starterlau**b**nis	→	erlau-**b**en
Gesun**d**heitstests	→	gesun-**d**e Sportler
Erle**b**nis	→	erle-**b**en
Han**d**ball	→	Hän-**d**e
Sportbun**d**	→	Bün-**d**e, bin-**d**en
angestre**b**t	→	anstre-**b**en
Anflu**g**	→	anflie-**g**en
Preisgel**d**	→	Gel-**d**er
Basketballkor**b**	→	Kör-**b**e
Wettkampfta**g**	→	Ta-**g**e

Ableitungen mit b üben

Hinweis für den Lehrenden:
Damit sich der Schüler die die Auslautableitung betreffenden Konsonanten (b, d, g, p, t, k) nachhaltig einprägen kann, werden zunächst für jeden Laut eigene Übungen angeboten.

Durch das in Aufgabe 2 geforderte Trennen des Ableitungswortes in Silben, soll dem Schüler bewusst werden, dass der b-Laut am *Anfang einer Silbe* wieder als „weicher", stimmhafter Laut erkennbar ist.

---

1. Leite die Lückenwörter so ab, dass man „b" als *weichen* Laut hören kann:
- Suche zu Nomen den Plural,
- zu Adjektiven den Komparativ (die Vergleichsform),
- zu Verben den Infinitiv (die Grundform).

2. Schreibe die Ableitungen in Silben getrennt auf und unterstreiche „b".

3. Fülle die Lücken.

Fieberschu**b**

Er traf sie an der Turnhalle. Wieder fühlte er sich fie**b**rig. Es war nicht nur ihr Lei**b**, der ihn faszinierte. Sie lachte viel, oft waren ihre Späße der**b**. An ihre Jeansjacke war ein Smiley geheftet, rund und gel**b**. Hatte sie den Brief bekommen, den er ihr schrie**b**?
„Und?", fragte er. „Alles wie geha**b**t!", lächelte sie. So lie**b** hatte er noch nie einen Kor**b** bekommen. Sie ging. Und das Fieber blie**b**...

Wort	Ableitung	mit Silbentrennung
Fieberschub	Schub	Schü-**be**
fiebrig	Fieber	Fie-**ber**
Leib	Leiber	Lei-**ber**
derb	derber	der-**ber**
gelb	gelber	gel-**ber**
schrieb	schreiben	schrei-**ben**
gehabt	haben	ha-**ben**
lieb	lieber	lie-**ber**
Korb	Körbe	Kör-**be**
blieb	bleiben	blei-**ben**

Ableitungen mit b vertiefen

1. **Lies den Text „In der Schwebe“ durch.**
2. **Suche zu den fett gedruckten Wörtern mit hartem b-Laut Wortverwandte, bei denen man das „b“ als weichen Laut hört.**

In der Schwebe

Thomas und Sonja sind die Eltern von Lars. In der Küche unterhalten sie sich über ihren Sohn.

Thomas: Das Glas hier ist nicht richtig **zugeschraubt**. Wo steckt Lars denn heute schon wieder?

Sonja: Was **glaubst** du? Der ist mit Sven unterwegs.

Thomas: Und ich dachte, der **bewirbt** sich mal. So klappt das nie mit einem Job. Und dabei wird er nächste Woche **siebzehn**.

Sonja: Soll er deswegen keine Freizeit mehr haben? Immerhin gehen die beiden raus, anstatt **trübsinnig** zuhause zu hocken.

Thomas: Mit Sven!! Aus dem wird doch erst recht nichts. Ein Schulabbrecher ist das, der hat es doch völlig **versiebt**.

Sonja: Hast du dich eigentlich irgendwann einmal mit Sven unterhalten?

Thomas: Der hat doch eh' immer seine Kopfhörer auf.

Sonja: Der macht Musik. Und auf dem Schulfest habe ich ihn beim Breakdance gesehen. Wirklich gut, wie er das macht.

Thomas: Dafür kann er sich nichts kaufen.

Sonja: Nun mach mal halblang. Ganz ehrlich, ich finde, dass du mit deiner **Lieblosigkeit übertreibst**. Nur weil du deinen **Schreibwarenladen** hast, bist du kein besserer Mensch. Es sind halt harte Zeiten. Und du ärgerst dich doch in Wirklichkeit über dich selbst, weil der Umsatz bei dir im Betrieb nicht reicht, um Lars einzustellen. Was die Jungen brauchen, sind **Erfolgserlebnisse**, und die kann man auch ohne Job haben.

Thomas grummelt etwas Unverständliches vor sich hin...

Wort	**Ableitung**	**Wort**	**Ableitung**
zugeschraubt	schrau-**b**en	versiebt	versie-**b**en
glaubst	glau-**b**en	Lieblosigkeit	Lie-**b**e
bewirbt	bewer-**b**en	übertreibst	übertrei-**b**en
siebzehn	sie-**b**en	Schreibwarenladen	schrei-**b**en
trübsinnig	trü-**b**e	Erfolgserlebnisse	erle-**b**en

Ableitungen mit b vertiefen

1. **Lies den Text „In der Schwebe" durch.**
2. **Suche zu den fett gedruckten Wörtern mit hartem b-Laut Wortverwandte, bei denen man das „b" als weichen Laut hört.**

In der Schwebe

Thomas und Sonja sind die Eltern von Lars. In der Küche unterhalten sie sich über ihren Sohn.
Thomas: Das Glas hier ist nicht richtig **zugeschraubt**. Wo steckt Lars denn schon wieder?
Sonja: Was **glaubst** du? Der ist mit Sven unterwegs.
Thomas: Und ich dachte, der **bewirbt** sich mal. So klappt das nie mit einem Job. Der Schlendrian wird nächste Woche **siebzehn**.
Sonja: Soll er deswegen keine Freizeit mehr haben? Immerhin gehen die beiden raus, anstatt **trübsinnig** zuhause zu hocken.
Thomas: Mit Sven!! Aus dem wird doch erst recht nichts. Ein Schulabbrecher ist das, der hat es doch völlig **versiebt**. Der wartet doch auch nur darauf, dass er **erbt**.
Sonja: Hast du dich eigentlich irgendwann einmal mit Sven unterhalten?
Thomas: Der hat doch eh' immer seine Kopfhörer auf.
Sonja: Der macht Musik. Und auf dem Schulfest habe ich ihn beim Breakdance gesehen. Wirklich gut, wie er das macht.
Thomas: Dafür kann er sich nichts kaufen. Wir brauchen alle einen **Broterwerb.**
Sonja: Nun mach mal halblang. Ganz ehrlich, ich finde, dass du mit deiner **Lieblosigkeit übertreibst**. Nur weil du deinen **Schreibwarenladen** hast, bist du kein besserer Mensch. Es sind halt harte Zeiten. Und du ärgerst dich doch in Wirklichkeit über dich **selbst**, weil der Umsatz bei dir im **Betrieb** nicht reicht, um Lars einzustellen. Was die Jungen brauchen, sind **Erfolgserlebnisse**, und die kann man auch ohne Job haben.

Thomas grummelt etwas Unverständliches vor sich hin...

Wort	**Ableitung**	**Wort**	**Ableitung**
zugeschraubt	schrau-**b**en	Broterwerb	erwer-**b**en
glaubst	glau-**b**en	Lieblosigkeit	Lie-**b**e
bewirbt	bewer-**b**en	übertreibst	übertrei-**b**en
siebzehn	sie-**b**en	Schreibwarenladen	schrei-**b**en
trübsinnig	trü-**b**e	selbst	sel-**b**er
versiebt	versie-**b**en	Betrieb	Betrie-**b**e
erbt	er-**b**en	Erfolgserlebnisse	erle-**b**en

Ableitungen mit b vertiefen

1. Lies den Text „In der Schwebe“ durch.

In der Schwebe
Thomas und Sonja sind die Eltern von Lars. In der Küche unterhalten sie sich über ihren Sohn.
Thomas: Das Glas hier ist nicht richtig **zugeschraubt**. Wo steckt Lars denn schon wieder?
Sonja: Was **glaubst** du? Der ist mit Sven unterwegs.
Thomas: Und ich dachte, der **bewirbt** sich mal. So klappt das nie mit einem **Job**. Er ist für alle guten Ratschläge **taub** und dabei wird der Schlendrian nächste Woche **siebzehn**!
Sonja: Soll er deswegen keine Freizeit mehr haben? Immerhin gehen die beiden raus, anstatt zuhause zu hocken und **Trübsal** zu blasen.
Thomas: Aber dieser Sven!! Aus dem wird doch erst recht nichts. Ein Schulabbrecher ist das, der hat es doch völlig **versiebt**. Der wartet doch auch nur darauf, dass er **erbt**.
Sonja: Jetzt sei doch nicht so **grob**! Hast du dich denn schon mal mit Sven unterhalten?
Thomas: Der hat doch eh' immer seine Kopfhörer auf.
Sonja: Der macht Musik. Und auf dem Schulfest habe ich ihn beim Breakdance gesehen. Wirklich gut, wie er das macht.
Thomas: Dafür kann er sich nichts kaufen. Die Gefahr der Arbeitslosigkeit **schwebt** über uns allen. Jeder braucht einen **Broterwerb.**
Sonja: Nun mach mal **halblang**. Ganz ehrlich, ich finde, dass du mit deiner **Lieblosigkeit übertreibst**. Nur weil du deinen **Schreibwarenladen** hast, bist du kein besserer Mensch. Es sind halt harte Zeiten. Und du ärgerst dich doch in Wirklichkeit über dich **selbst**, weil der Umsatz bei dir im **Betrieb** nicht reicht, um Lars einzustellen. Was die Jungen brauchen, sind **Erfolgserlebnisse**, und die kann man auch ohne Arbeit haben.
Thomas grummelt etwas Unverständliches vor sich hin...

2. Schreibe zu jedem fett gedruckten Lückenwort einen Wortverwandten auf, bei dem das b als weicher Laut hörbar wird. (Achtung bei „Job“!)

zugeschraubt → schrau-ben; glaubst → glau-ben; bewirbt → bewer-ben; Job → jobben (Doppelkonsonant!); taub → tau-ber; siebzehn → sie-ben; Trübsal → trübe; versiebt → versie-ben; erbt → er-ben; grob → grobe; schwebt → schwe-ben; Broterwerb → erwer-ben; halblang → hal-be; Lieblosigkeit → lieben; übertreibst → übertrei-ben; Schreibwarenladen → schrei-ben; selbst → sel-ber; Betrieb → Betrie-be; Erfolgserlebnisse → erle-ben;

Entscheidung zwischen b und p durch Ableitung fällen

Hinweis für den Lehrenden:
In dieser Übung wird die kognitive Entscheidung zwischen b und p provoziert: Der Schüler muss bei den Lückenwörtern eine zweisilbige Form finden, bei der der betreffende Laut am *Anfang* der Silbe steht. An dieser Stelle klingen b und p verschieden und sind deshalb *akustisch* unterscheidbar.

Setze „b" oder „p" in die Lücken ein.
- Suche nach Wortverwandten, wenn du nicht weiterweißt.
- An manchen Stellen fehlen Doppelkonsonanten!

Was sich **liebt**, das neckt sich.

Lars und Kira sind bei ihm im Zimmer.

*Lars **schreibt**.*

Lars: Diese **Rechtschreibübung** **raubt** mir noch den letzten Nerv.

Kira: Nun **übertreib** mal nicht. Sag mir lieber, warum dein Finger verbunden ist.

Lars: Den habe ich mir in der **Schublade** eingeklemmt, als ich sie reparieren wollte.

Kira: Du **lebst** ja ganz schön gefährlich!

Lars: Werde mal nicht frech, sonst **gibt's** Haue! Und du? Wie geht's deiner Erkältung?

Kira: Heute Morgen war ich noch ziemlich **schlapp**.

Lars: Dafür hast du die **Erlaubnis**, zuhause zu bleiben. Ganz schön praktisch.

Kira: **Liebling**, du bist einfach nur neidisch, stimmt's? Aber lass uns mal über das Wochenende reden: **Klappt** das mit dem Kletterkurs?

Lars: Ich denke schon. Sven hat mir seine Ausrüstung und ein bisschen Geld **gepumpt**. Nun muss nur noch mein Finger wieder heil werden.

Kira: Ah, super. Ich freu mich schon so!

*Kira **wippt** vor Aufregung mit dem Stuhl.*

Lars: Vorsicht, gleich **kippst** du um. Hey, bist du **taub**?

Kira (grinst frech): So etwas passiert mir nicht. Ich bin ja **grobmotorisch** nicht so ungeschickt und **plump** wie du!

Entscheidung zwischen b und p durch Ableitung fällen

Setze „b“ oder „p“ in die Lücken ein.
- Suche nach Wortverwandten, wenn du nicht weiterweißt.
- An manchen Stellen fehlen Doppelkonsonanten!

Was sich **liebt**, das neckt sich.

Lars und Kira sind bei ihr im Zimmer. Wo man hinschaut Kleidungsstücke, Schulunterlagen und ***verstaubte*** *CD-Hüllen.*

Lars ***schreibt****.*

Lars: Diese **Rechtschreibübung raubt** mir noch den letzten Nerv.

Kira: Nun **übertreib** mal nicht. Sag mir lieber, warum dein Finger verbunden ist.

Lars: Den habe ich mir in der **Schublade** eingeklemmt, als ich sie reparieren wollte.

Kira: Du **lebst** ja ganz schön gefährlich!

Lars: Werde mal nicht frech, sonst **gibt's** Haue! Und du? Wie geht's deiner Erkältung? **Schwebst** du noch in Lebensgefahr?

Kira: Sei doch nicht so **grob**, du Flegel. Heute Morgen war ich wirklich noch ziemlich **schlapp**. Meine Mutter **rieb** mich mit ätherischen Ölen ein, als wenn ich noch ein Baby wäre. Aber sie **glaubt** an das Zeug, und ich wollte sie nicht enttäuschen.

Lars: Dafür hast du die **Erlaubnis**, zuhause zu bleiben. Ganz schön praktisch.

Kira: **Liebling**, du bist einfach nur neidisch, stimmt's? Aber lass uns mal über das Wochenende reden: **Klappt** das mit dem Kletterkurs?

Lars: Ich denke schon. Sven hat mir seine Ausrüstung und ein bisschen Geld **gepumpt**. Nun muss nur noch mein Finger wieder heil werden.

Kira: Ah, super. Ich freu mich schon so!

Kira ***wippt*** *vor Aufregung mit dem Stuhl.*

Lars: Vorsicht, gleich **kippst** du um. Hey, bist du **taub**?

Kira (grinst frech): So etwas passiert mir nicht. Ich bin ja **grobmotorisch** nicht so ungeschickt und **plump** wie du!

Entscheidung zwischen b und p durch Ableitung fällen

Setze „b" oder „p" in die Lücken ein.
- Suche nach Wortverwandten, wenn du nicht weiterweißt.
- An manchen Stellen fehlen Doppelkonsonanten!

Was sich **liebt**, das neckt sich.

Lars und Kira sind bei ihm im Zimmer. Wo man hinschaut Kleidungsstücke, Schulunterlagen und ***verstaubte*** *CD-Hüllen.*

Lars ***schreibt*** *und seufzt und stöhnt.*

Lars: Dieses Referat über **Raubvögel raubt** mir noch den letzten Nerv.

Kira: Nun **übertreib** mal nicht, du **verdirbst** mir noch die gute Laune! Sag mir lieber, warum dein Finger verbunden ist.

Lars: Den habe ich mir in der **Schublade** eingeklemmt, als ich sie reparieren wollte.

Kira: Du **lebst** ja ganz schön gefährlich!

Lars: Werde mal nicht frech, sonst **gibt's** Haue! Und du? Wie geht's deiner Erkältung? **Schwebst** du noch in Lebensgefahr?

Kira: Sei doch nicht so **grob**, du Flegel. Heute Morgen war ich wirklich noch ziemlich **schlapp**. Meine Mutter **rieb** mich mit ätherischen Ölen ein, als wenn ich noch ein Baby wäre. Aber sie **glaubt** an das Zeug, und ich wollte sie nicht enttäuschen.

Lars: Dafür hast du die **Erlaubnis**, zuhause zu bleiben. Ganz schön praktisch.

Kira: **Liebling**, du bist einfach nur neidisch, stimmt's?

Kira ***schnappt*** *sich einen Keks.*

Lars: **Stopp**, das ist **Diebstahl**!

Kira ***hebt*** *drohend den Zeigefinger.*

Kira: **Bleib** locker, alter Geizkragen, und lass uns mal über das Wochenende reden:

Klappt das denn nun mit dem Kletterkurs?

Lars: Ich denke schon. Sven hat mir seine Ausrüstung und ein bisschen
Geld **gepumpt**. Nun muss nur noch mein Finger wieder heil werden.

Kira: Ah, super. Ich freu mich schon so!

Kira ***wippt*** *vor Aufregung mit dem Stuhl.*

Lars: Vorsicht, gleich **kippst** du um. Hey, bist du **taub**?

Kira (grinst frech): So etwas passiert mir nicht. Ich bin ja **grobmotorisch** nicht so ungeschickt und **plump** wie du!

Entscheidung b oder p (mit Merkwörtern)

Hinweis für den Lehrenden:
Diese Übung macht nur Sinn, wenn die Merkwörter mit b und p bereits ausreichend im Gedächtnis gespeichert werden konnten. Weiterhin ist wichtig, dass die Schüler die Gelegenheit erhalten, die Merkwörter jeweils nach ein paar Tagen nochmals zu wiederholen.

Die Form des Lückentextes ermöglicht das selbstständige Arbeiten des Schülers und das Fokussieren auf ein bestimmtes Rechtschreibproblem. Sinnvoll ist, die Lückenwörter nach der Korrektur auch noch zusammen mit ihrem Wortverwandten extra aufschreiben zu lassen.

Für stärkere Schüler kann der Text auch als Diktat verwendet werden.

Was fehlt hier: b oder p?
Vorsicht: Es sind auch Merkwörter dabei!

Englischunterricht in Mexiko
Das Erlernen der englischen Sprache ist und blei**b**t für mexikanische Kinder genauso schwierig wie für deutsche. Im Spanischen spricht man hau**p**tsächlich so, wie man schrei**b**t oder ti**pp**t. Das heißt, dass wirklich jeder einzelne Buchstabe ausgesprochen wird und dass es jeweils nur *eine* Möglichkeit für die Aussprache gi**b**t. Somit spricht jemand, der in Mexiko le**b**t, beispielsweise ein „a" tatsächlich auch wie ein „a" aus oder ein „u" wie ein „u". Das kann den mexikanischen Schülern niemand a**b**gewöhnen. Ein Wort vom Ty**p** Substantiv, Ver**b** oder Adjektiv, wie zum Beispiel „tomb", „knew" oder „busy" (richtige Aussprache in etwa: „tuum", „nju" und „bisi"), wird demnach oft Buchstabe für Buchstabe ausgesprochen, also wie /tomb/, /knew/ und /busi/. Ein weiteres Pro**b**lem besteht darin, dass im mexikanischen Spanisch (im Gegensatz zum Spanisch, das in Spanien gesprochen wird) kein „th-Laut" vorkommt. Anstelle dieses gelispelten Lautes spricht man in Mexiko einfach /t/: „Thank you" wird wie /tankiu/ ausgesprochen und „three" wie /tree/.
Solche und ähnliche Dinge schna**pp**st du auf einer Reise durch Mexiko auf, im Zeltcam**p** oder in der Stadt. O**b** das wohl komisch klingt? Ja, das tut es. Aber diese Sprechweise gehört zu Mexiko wie Tequila (Schna**p**s) und bemalte Totenschädel aus Gi**p**s

Merkwörter mit **b**:
ab, ob, hübsch, das Obst, der Herbst, der Krebs, der Knoblauch, die Erbse, das Problem, der Mob, der Abt

Merkwörter mit **p**:
das Haupt, der Schnaps, der Klaps, der Mops, der Klops, der Gips, der Schlips, der Knirps, rülpsen, der Sirup, das Rezept, der Klempner

Übungen zur Auslautableitung d-t

Name:

Ableitungen mit d üben

Am **Ende** von Wörtern und Silben klingt der **d**-Laut wie /**t**/.
Ob du nun **d oder t** schreiben musst,
kannst du durch die **Ableitung** des Wortes herausfinden:
Suche einen Wortverwandten, bei dem dieser Laut am **Anfang der Silbe** steht.

Schreibe von jedem Lückenwort einen Verwandten auf, bei dem du d als weichen Laut hören kannst. Fülle dann die Lücken.

Menschen sind nicht alle gleich. Der augenfälligste Unterschie__ betrifft unser Aussehen.

____

Wenn ich gestresst bin, hilft es mir manchmal, eine halbe Stunde nur für mich zu haben. Dann kann ich spazieren gehen, oder einfach nur frie__lich auf dem Bett liegen und ein Lie__ meiner Lieblingsband anhören.

____

____

Manchmal haben wir einen ganz bestimmten Eindruck von einer Person. Dieses Bil__ kann sich aber ändern, wenn wir diese Person besser kennenlernen.

____

Bisher ist es in unserem Lan__ noch immer so, dass Rock oder Klei__ meist nur von Mädchen getragen werden. In Schottland gibt es jedoch auch für Männer eine Art Rock; man nennt ihn „Kilt“. Wer weiß, vielleicht wird das auch bei uns irgendwann Mode?

____

____

Manche Dinge kenne ich nicht. Sie sind mir frem__.

____

Name:

Entscheidung zwischen d und t mithilfe Ableitung fällen

Hier kannst du dein neues Wissen anwenden.

Entscheide dich zwischen d und t.

Man ist, was man isst

Wenn man berechnen würde, wie viel ein Mensch durchschnittlich im Leben isst, wäre das furch__bar viel. In unserem Lan__ wären das etwa 30 Tonnen Lebensmittel pro Person. In denen ist Energie enthalten, die der Mensch zum Leben benötigt.

Die Menge an Energie, die ein Mensch täglich verbrennt, setzt sich zusammen aus Grun__umsatz und Arbei__sumsatz. Grun__umsatz ist das, was der Mensch braucht, um Körperfunktionen aufrechtzuerhalten, wie Atmung und Kreislauf. Der Arbei__sumsatz ist die Energiemenge, die der Mensch zusätzlich braucht, zum Beispiel für körperliche Belastung. Wer viel Sport treibt, ist auf mehr Energie angewiesen als jeman__, der nur vor dem Computer sitzt. Und auch ein Kin__ benötigt weniger als ein Jugendlicher oder Erwachsener.

Alle Lebensmittel enthalten Energie, egal ob sie fes__ sind oder flüssig. Der Unterschie__ besteht darin, wie viel Energie und/oder Nährstoffe ein Lebensmittel enthält. Es gibt Lebensmittel, die den Ruf haben, gesun__ zu sein, andere gelten eher als schlech__ und ungesun__.

Mittlerweile ist es allgemein bekann___, dass man Lebensmittel wie Bro__, Obst und Gemüse häufig und in großen Mengen essen darf. Pommes, Wurs__, Käse und Süßigkeiten hingegen sollte man in Maßen genießen.

Obst, Sala__ und Gemüse enthalten zwar wenig Energie, aber viele wichtige Nährstoffe wie Vitamine und Mineralstoffe.

Name:

dt: Entscheidung fällen zwischen d und t (Text)

Hier kannst du dein neues Wissen anwenden.

Entscheide dich zwischen d und t.

Man ist, was man isst

Wenn man berechnen würde, wie viel ein Mensch durchschnittlich im Leben isst, wäre das furch__bar viel. In unserem Lan__ wären das etwa 30 Tonnen Lebensmittel pro Person. In denen ist Energie enthalten, die der Mensch zum Leben benötigt.

Die Menge an Energie, die ein Mensch täglich verbrennt, setzt sich zusammen aus Grun__umsatz und Arbei__sumsatz. Grun__umsatz ist das, was der Mensch braucht, um Körperfunktionen aufrechtzuerhalten, wie A__mung und Kreislauf.

Der Arbei__sumsatz ist die Energiemenge, die der Mensch zusätzlich braucht, zum Beispiel für körperliche Belastung. Wer viel Sport treibt, ist auf mehr Energie angewiesen als jeman__, der nur vor dem Computer sitzt. Und auch ein Kin__ benötigt weniger als ein Jugendlicher oder Erwachsener.

Manche Lebensmittel sind fes__, andere sind flüssig. Alle Lebensmittel enthalten Energie: Sala__ , Wurs__ , Saf__ , Bro__ und alles Weitere. Der Unterschie__ besteht darin, wie viel Energie und/oder Nährstoffe ein Lebensmittel enthält.

Es gibt Lebensmittel, die den Ruf haben, gesun__, mil__ oder leich__ zu sein, andere gelten eher als schlech__, schä__lich und ungesun__.

Zum Lei__wesen vieler Menschen sind of__ gerade die leckeren Lebensmittel die, die am meisten Energie enthalten. Übergewich__ kann die Folge sein.

Name:

dt: Entscheidung fällen zwischen d und t (Text)

Hier kannst du dein neues Wissen anwenden.

Entscheide dich zwischen d und t.

Man ist, was man isst

Wenn man berechnen würde, wie viel ein Mensch durchschnittlich im Leben isst, wäre das furch__bar viel. In unserem Lan__ wären das etwa 30 Tonnen Lebensmittel pro Person. In denen ist Energie enthalten, die der Mensch zum Leben benötigt.

Die Menge an Energie, die ein Mensch täglich verbrennt, setzt sich zusammen aus Grun__umsatz und Arbei__sumsatz. Grun__umsatz ist das, was der Mensch braucht, um Körperfunktionen aufrechtzuerhalten, wie A__mung und Kreislauf. Der Arbei__sumsatz ist die Energiemenge, die der Mensch zusätzlich braucht, zum Beispiel für körperliche Belastung. Wer viel Sport treibt, ist auf mehr Energie angewiesen als jeman__, der nur vor dem Computer sitzt. Und auch ein Kin__ benötigt weniger als ein Jugendlicher oder Erwachsener.

Manche Lebensmittel sind fes__, andere sind flüssig. Alle Lebensmittel enthalten Energie: Sala__ , Wurs__ , Saf__ , Bro__ und alles Weitere. Der Unterschie__ besteht darin, wie viel Energie und/oder Nährstoffe ein Lebensmittel enthält.

Es gibt Lebensmittel, die den Ruf haben, gesun__, mil__ oder leich__ zu sein, andere gelten eher als schlech__, schä__lich und ungesun__.

Zum Lei__wesen vieler Menschen sind of__ gerade die leckersten Lebensmittel die, die am meisten Energie enthalten. Übergewich__ kann die Folge sein.

Ein Ernährungspolizis__ würde empfehlen, täglich fünf Portionen Obst oder Gemüse zu essen. Eine Portion ist ungefähr eine Han__voll. Obst und Gemüse enthalten wenig Energie, aber viele wichtige Nährstoffe wie Vitamine und Mineralstoffe.

Name:

d oder t? (Wissensfragen)

Verlängere die Wörter im Kopf und entscheide dich dann für d oder t.

1. Wusstest du, dass man am Aben__ nur schwarz und weiß sehen kann?

In unseren Augen gibt es sogenannte Zapfen und Stäbchen. Die Zapfen sind für bunte Farben zuständig, brauchen aber Lich__ als Anreiz. Die Stäbchen können nur Schwarz und Weiß unterscheiden. Dafür sind sie lich__empfindlicher. Und genau deshalb kann nieman__ bei wenig Helligkei___ Farben erkennen.

2. Wusstest du, warum ein Hun__ andauern__ hechel__?

Ob Dackel, Pudel oder Bernhardiner: diese Tiere müssen ihre Körpertemperatur durch das Hecheln regulieren.

Der Grun__ dafür ist, dass sie im Unterschie__ zum Menschen oder auch zum Pfer__ kaum Schweiß produzieren können, der den Körper durch Verdunsten abkühlt.

3. Wusstest du, dass es wirklich schwierig ist, mit geschlossenen Augen das Gleichgewich__ zu halten?

Probiere es einmal aus: Stell dich auf ein Bein und schließe die Augen. Wenn du es schaffst, nicht nur für einen Momen__, sondern mindestens für eine Minute blin__ so stehenzubleiben, dann bist du ein wahrer Profi. Aber nicht schummeln und dich mit deiner Han__ fes__halten!

Name:

Verben mit d oder t im Wortstamm

Um von Verben die 2. und 3. Person Einzahl zu bilden,
muss man an den Wortstamm **-st** bzw. **-t** anhängen.

Beispiele:

weinen: Wortstamm „wein-“ plus Endung **-st** = du wein**st**

holen: Wortstamm „hol-“ plus Endung **-t** = er hol**t**

Achtung:

Bei Verben, die im Stamm ein s, ss, ß oder z haben,
steht in der **2. Person Einzahl** nur die Endung **-t** (das „s“ fällt weg),
z.B. verreisen → du verreis**t**

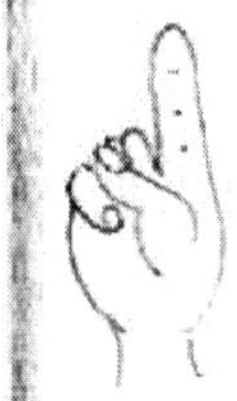

Verben mit d oder t im Wortstamm hören sich oft recht verzwickt an. Versuche die Verben im Text in der richtigen Personalform einzusetzen. Ermittle zunächst den Wortstamm und hänge dann die passende Endung an!

Martin schlendert mit seiner Freundin Nina über den Jahrmarkt. Sie haben sich beim Sport kennengelernt. Er __________ (halten) ihre Hand. Als sie kurz abgelenkt ist, kauft er ihr ein Lebkuchenherz. „ Du __________ (raten) nie, was ich hier für dich habe…“. „Da du noch immer vor dem Stand mit den Lebkuchenherzen stehst, ist das nicht allzu schwer, für wie dumm __________ (halten) du mich?“, lacht Nina und hängt sich das Herz um den Hals.
„Ich dachte nicht, dass du das *so* schnell __________ (erraten)“, schmollt Martin. Aber viel Zeit, um sich über sein missglücktes Rätsel zu ärgern, bleibt ihm nicht.
Drei Buden weiter werden gegrillte Maiskolben verkauft. Martin __________ (stoßen) fast einen kleinen Jungen um, als er zu dem Stand eilt. „__________ (braten) du den bitte von allen Seiten rundum an?“, fragt er den Verkäufer. „Aber sicher doch!“, __________ (erwidern) dieser. Er bereitet den Kolben gekonnt zu und __________ (salzen) ihn zum Ende ganz leicht. Sobald Martin den Mais in der Hand __________ (halten), __________ (beißen) er auch schon genüsslich hinein. „Lecker!“ Anschließend __________ (putzen) er sich den Mund mit einer Serviette ab.
Als sie weiter von Stand zu Stand laufen, entdecken sie eine Lotterie. Diesmal __________ (laden) Nina Martin ein, denn er __________ (losen) wirklich gerne. Und er hat Glück: Mit dem zweiten Los gewinnt er ein kleines Radio.
Das Paar __________ (verlassen) den Budenplatz. Kurz vor der Haltestelle __________ (flitzen) der Bus vor ihren Nasen davon. Aber das macht ihnen nichts aus. Sie warten gemeinsam und lauschen der Musik aus dem neuen Radio. Dann verabreden sie sich für den kommenden Tag im Freibad. Zum Abschied __________ (küssen) sie ihn sanft auf die Wange.

Name:

Partizip Präsens

Das Partizip (Mittelwort):
Manche Adjektive sind der Herkunft nach **Partizipien**.
Die Grenzen zwischen beiden sind fließend,
denn Partizipien können im Satz wie Adjektive gebraucht werden.

Partizip Präsens = Infinitiv + **d**:
spielen**d**, lachen**d**, brennen**d**

Aufgabe 1:
Die Endung „d" des Partizip Präsens klingt am Wortende hart wie /t/.
Wie kannst du die richtige Schreibung herausfinden? Formuliere eine Antwort.

Um die richtige Schreibung herauszufinden, ______________________

____

Aufgabe 2:
Ersetze die unterstrichenen Wörter durch eine Form des Partizip Präsens.

Nahrungsaufnahme:

a) Während man ein Brötchen mit Käse verzehrt, führt man sich rund 274 kcal zu.

Ein Brötchen mit Käse verzehrend führt man sich rund 274 kcal zu.

b) Nascht man eine halbe Tafel Vollmilchschokolade, nimmt man 263 kcal auf.

______________________________ nimmt man 263 kcal auf.

c) Trinkt man ein Glas (0,2 l) Apfelschorle, liefert man dem Körper 22 kcal.

______________________________ liefert man dem Körper 22 kcal.

Bewegung:

Beim Sichbewegen, wie zum Beispiel dem Radfahren oder dem Spazierengehen, werden viele der über 400 Skelettmuskeln eines Menschen angesprochen. (Skelettmuskeln sind für alle aktiven Bewegungen zuständig.)

______________________, wie zum Beispiel beim Radfahren oder Spazierengehen, werden viele der über 400 Skelettmuskeln eines Menschen angesprochen.

Beim Lachen betätigt man 17 Muskeln im Gesicht.

______________________ betätigt man 17 Muskeln im Gesicht.

Beim Küssen werden 34 Gesichtsmuskeln beansprucht.

______________________ werden 34 Gesichtsmuskeln beansprucht.

Name:

Partizip Perfekt

Das Partizip Perfekt wird bei regelmäßigen Verben gebildet aus:
1. Vorsilbe
2. Wortstamm
3. Endung **t**

Beispiele:
ge-bran**nt**; ge-reiz**t**; ge-spiel**t**

Setze das Partizip Perfekt in die Lücken ein.

Riechen, müffeln, duften,...
Hast du dich schon einmal __________ (fragen), warum man sagt: „Ich kann dich nicht riechen!", wenn man damit ausdrücken möchte, dass man jemanden nicht mag?
Der Geruch eines Menschen spielt bei der Kommunikation eine wichtige Rolle. In unterschiedlichen Stimmungslagen haben wir unterschiedliche Gerüche. Und auch ob wir jemanden mögen oder nicht, wird unbewusst von unserer Nase __________ (steuern). Dabei hat jeder Mensch seinen ganz eigenen Geruch.
Es wurde sogar ein Buch __________ (drucken) und mittlerweile ein Film __________ (drehen), die vom Geruch handeln. Darin wird ein Mensch beschrieben, der keinen eigenen Geruch hat und der deswegen versucht, den menschlichen Geruch künstlich herzustellen. Die Geschichte spielt im 18. Jahrhundert. Heute wird von den meisten Menschen eher danach __________ (streben), ihren eigenen Geruch mit Deodorants und Parfums zu überdecken.
Interessant ist aber, dass Schweiß an sich gar nicht stinkt. Der für unsere Nasen unangenehme Geruch entsteht durch Bakterien und Hefepilze, die sich an unserem Körper __________ (festsetzen) haben. Die Bakterien zersetzen den Schweiß in seine einzelnen Bestandteile, zum Beispiel in Buttersäure. Und das ist der Grund, warum unsere Nase __________ (demütigen) wird. Verstärkt wird das Ganze, wenn wir Koffein, Alkohol, Nikotin oder scharfes Essen zu uns genommen haben.
Die Entdeckung der Hygiene hat im Gegensatz zu früher vieles __________ (ändern). Es ist üblich, sich täglich und insbesondere nach dem Sport zu waschen, unabhängig von Deodorants und Parfums. Dadurch werden die Bakterien und Pilze immer wieder weggespült.
In manchen Kulturen ist das Waschen noch stärker verinnerlicht. In Indonesien beispielsweise wird die Frage: „Hast du schon __________ (duschen)?" nachmittags so verwendet, wie wir fragen: „Wie geht es dir?"

Name:

Adjektive und Partizipien im Superlativ

Besonders schwierig wird es, wenn Adjektive und Partizipien im **Superlativ** (2. Steigerungsstufe oder Höchststufe) stehen. Der Superlativ hat die Endung „**-ste**".

Ob man im Superlativ **d** oder **t** oder **keines von beiden** schreiben muss, kann man nicht durch Hören herausfinden, sondern nur durch **Ableiten**.

Welche Form des Adjektivs oder Partizips kann dir Aufschluss über die Schreibung geben?

Was fehlt: d oder t oder gar nichts?

das reizen__ste Mädchen ______________________

die verschieden__sten Möglichkeiten ______________________

das geeigne__ste Werkzeug ______________________

die fein__ste Torte ______________________

das strahlen__ste Lächeln ______________________

das schön__ste Erlebnis ______________________

die glänzen__ste Karriere ______________________

das klein__ste Kind ______________________

die hell__sten Sterne ______________________

das voll__ste Stadion ______________________

der erfahren__ste Bergsteiger ______________________

die stimulieren__ste Wirkung ______________________

der erbitter__ste Streit ______________________

die tiefgreifen__ste Erkenntnis ______________________

die aufregen__sten Kontakte ______________________

die verzogen__ste Göre ______________________

die entzücken__sten Ohrringe ______________________

Name:

Adjektive und Partizipien im Superlativ (Vertiefung)

d oder t?

- Bilde in Gedanken jeweils die attributive Form, z.B.: der bewunder n**d**e Blick.
- Entscheide dich dann für die richtige Schreibweise.

In der Halfpipe

Kira schaut bewundern__ zu, wie Lars einen Drehsprung vorführt.
Rasen__ schnell drehen sich die Rollen seiner Inlineskates in der Halfpipe. Kiras Freundin Ayse interessiert das nicht so sehr.
Sie bläst gelangweil__ Seifenblasen in die Luft, die schillern__ davonschweben.
Da nimmt Lars Anlauf für einen Salto. Kira schaut ihm wie verzauber__ zu. Am entzücken__sten an ihm findet sie seine geschmeidigen Bewegungen. Lars erwidert verlieb__ den Blick seiner Freundin – dabei passt er einen Moment nicht auf und stürzt, den Rand der Halfpipe verfehlen__, einige Meter tief auf den harten Beton. Er bleibt seltsam verrenk__ liegen.
Entsetz__ und laut schreien__ rennt Kira zu ihm hin. Ayse läuft ihr, den Notruf in ihr Handy tippen__, hinterher. Da kommt Lars wieder zu sich. Er richtet sich mühsam auf und reibt sich stöhnen__ sein linkes Bein. Alle Zuschauer sind erstaun__, dass ihm nicht mehr passiert ist. Kira ist allerdings am verwunder__sten, da sie immer gleich das Schlimmste befürchte__. Mit ihrem strahlen__sten Lächeln versucht sie, Lars zu trösten und aufzumuntern.
Von Ferne hört man bereits die Sirene des Krankenwagens. Um die Kurve schlingern__ düst er heran und bleibt, mit den Reifen quietschen__, einen Meter vor dem Verletzten stehen. „Wer braucht unsere Hilfe am dringen__sten?", ruft ein Sanitäter mit seinem Erste-Hilfe-Koffer aus dem Wagen springen__.
„Wir haben nur *einen* Verletzten", antwortet Kira und deutet auf ihren Freund.
Lars' Schutzausrüstung hat ihn vor dem Schlimmsten bewahrt, aber am nächsten Tag kommt er mit Krücken in die Schule gehumpel__. Er trägt sie mit Stolz, denn nur echte Skater verletzen sich auch. Kira sieht das anders.

Name:

Stammsilbe „end-“ und Vorsilbe „ent-“

Die Stammsilbe „**end**-“ und die Vorsilbe „**ent**-“ klingen völlig gleich.
Wie du schreiben musst, kannst du über die *Bedeutung* herausfinden:

Die Stammsilbe **„end-“** hat etwas mit „Ende“ zu tun und ist in einem Wort immer *betont*,
z.B. ên**d**lich, Ên**d**station.

Die Vorsilbe **„ent-“** hat NICHTS mit Ende zu tun und ist auch meistens NICHT betont,
z.B. En**t**fernung, en**t**gegen.

Überlege, wann du „end-“ oder wann du „ent-“ einsetzen musst.

Betrachtet man es genau, dann können psychische und körperliche Gesundheit nicht ent zweit werden. Das sehen wir nicht zuletzt in den folgenden Redewendungen:

1. „Das schlägt mir auf den Magen“ oder „Das bereitet mir Bauchschmerzen“ _______spricht dem Gemütszustand: „Damit geht es mir _______setzlich.“
2. „Ich habe Schmetterlinge im Bauch“ soll heißen: „Es hat mich _______gültig erwischt – ich bin verliebt!“
3. „Es stößt mir bitter auf“ oder „Das bereitet mir Kopfschmerzen“ meint: „Mit dieser _______scheidung habe ich Probleme“.
4. „Das macht mich sprachlos!“ _______gegnet man sowohl in positiver als auch in negativer Reaktion auf etwas, dass man nicht erwartet hat.
5. „Kalte Füße bekommen“ sagt man, wenn man vor etwas un_______liche Angst hat
6. „Atemberaubend“ ist etwas, das sich im positiven Sinn so _______wickelt hat, wie man es nicht zu träumen wagte.
7. „Wie vor den Kopf geschlagen“ kann man sich fühlen, wenn man etwas _______deckt, das einen verletzt oder _______täuscht.
8. Hat man „viel um die Ohren“, ist man nicht gerade _______spannt.
9. „Etwas steigt jemandem zu Kopfe“, wenn dieser letzt_______lich übermütig wird.
10. Und fühlen wir uns einfach nur gut, psychisch und körperlich, können wir _______lich sagen: __________ gut, alles gut.

Name:

Das Substantiv „Tod“

Das **Substantiv** der „**Tod**“ und seine Zusammensetzungen
mit **Substantiven** und **Adjektiven** schreibt man immer mit „**d**“.

Oft dient „Tod-“ oder „tod-“ nur der Verstärkung des Ausdrucks wie „sehr“ oder „äußerst“.

Beispiele:

Mit **Substantiven** als Bestimmungswort wie bei **Todfeind**,
Mit **Adjektiven** als Verstärkung des Ausdrucks wie bei **todmüde** und **todschick**.

Bilde Zusammensetzungen mit „Tod“ und den vorgegebenen Substantiven. Bei vier von den Zusammensetzungen musst du „Tod“ beugen.

Tod →	Feind	der ____________________
Tod →	Ahnung	die ____________________
Tod →	Sünde	die ____________________
Tod →	Ursache	die ____________________
Tod →	Nachricht	die ____________________
Tod →	Kranke	der ____________________
Tod →	Kampf	der ____________________

Welche Zusammensetzungen aus „tod-“ und den vorgegebenen Adjektiven passen in welche Lücken?

schick ernst langweilig krank müde traurig

Er war ________________ über die Trennung von seiner Freundin.

Der Dokumentarfilm war ____________________.

Die Situation ist nicht zum Lachen, sondern _________________.

Schon seit Wochen liegt er __________________ im Bett.

Ihr neues Kleid ist _________________.

Nach der Schule bin ich immer ___________________.

Merke dir auch das Adjektiv „tödlich“ (etwas bewirkt den Tod).

Ein _______________ Schuss. Viele _______________ Unfälle durch Unachtsamkeit.

Der Fußgänger wurde _______________ verletzt. Kann Koffein ______________ sein?

lernserver Individuelle Förderung

Name:

Das Adjektiv „tot“

Das **Adjektiv „tot“** und seine Zusammensetzungen mit **Verben** sowie die Ableitungen davon schreibt man mit „**t**“.

Beispiel:
Als Bestimmungswort vor Verben: **totschlagen.**
Die Ableitung davon: der **Totschläger.**

Die Schreibung des Adjektivs „tot“ kannst du durch Verlängerung herausfinden.

ein ____________ Mann der ____________ Käfer

die ____________ Soldaten das ____________ Reh

Finde mindestens acht Zusammensetzungen aus „tot-“ und einem Verb.

totschießen, ______________________________

____

____

Bilde mit deinen gefundenen Verben jeweils einen ganzen Satz.

____

____

____

____

____

____

____

____

Name:

Tod und tot

Denke daran:

Das Substantiv „**Tod**“ als Bestimmungswort kannst du mit anderen **Substantiven** oder mit **Adjektiven** zusammensetzen.

Das Adjektiv „**tot**“ als Bestimmungswort kannst du mit **Verben** zusammensetzen.

Entscheide dich zwischen d und t. Was musst du in die Lücken einsetzen? Bei zwei Wörtern kannst du *hören*, wie du schreiben musst. Bei welchen?

Man kommuniziert *immer*. Mit oder ohne Worte. Auch mit unserer Art des Auftretens vermitteln wir anderen gegenüber immer wieder Botschaften. Manchmal ist es aber so, dass das, was wir ausdrücken wollen, von den anderen nicht so gedeutet wird. Manchmal nehmen wir gleiche Situationen einfach unterschiedlich wahr.

1. Zum Beispiel kann bei einem Theaterstück das Publikum vor Spannung to__enstill sein. Vielleicht denken aber die Darsteller, dass das Publikum to__müde ist und werden to__traurig.

2. Anna und Ben sitzen im gleichen Zimmer zum Lernen: Ben sagt: „Das Fenster ist offen."
   Wer denkt jetzt was?
   Ben denkt, dass er sich halbto__ friert und er gleich to__krank werden wird. Er denkt, dass er Anna bitten sollte, das Fenster zu schließen.
   Anna denkt, dass Ben es gut findet, dass das Fenster offen ist, und erwidert to__ernst: „Ja, die frische Luft tut gut."
   Und vielleicht denkt Ben jetzt, dass Anna ihn to__unglücklich machen will, obwohl sie es nicht böse gemeint hat.

3. Wenn man den Kopf schüttelt, weiß hierzulande jeder, dass man etwas verneinen möchte. Und ein Nicken bedeutet eine Zustimmung. Es gibt aber auch Länder, wie z.B. Indien oder Bulgarien, in denen es genau umgekehrt ist.
   Um einander to__sicher zu verstehen, müssen wir überlegen, wie der jeweils andere diese Situation begreift. Hilfreich ist es dabei, etwas über die andere Kultur zu wissen oder bei Unwissenheit einfach nachzufragen.

4. Missverständnisse gibt es immer. Bei manchen kann man sich schier to__lachen, bei anderen ärgert man sich zu To__e. Also lieber einmal mehr nachfragen und Probleme nicht einfach to__schweigen.

Name:

Wörter mit dt

Wörter mit „dt" gibt es nur wenige. Merke dir die wichtigsten:
die Stadt (städtisch, Städter, Hauptstadt, Stadtrat)
verwandt (Verwandter, Verwandtschaft, er wandte sich um)
er lädt ein (Wortstamm von laden plus Personalendung!)

Und wenn du dir nicht die einzelnen Wörter merken möchtest, versuche es mal damit:
„Ein Verwan**dt**er lä**dt** zu sich in die Sta**dt** ein."

Hier geht es um Wörter mit dt. Setzte die Wörter in das Kreuzworträtsel ein.

1. Sie mochte ihn sehr, da er so wortgewandt war. (Begriff bedeutet: über einen großen Wortschatz verfügen)
2. Sie war aufgeregt, als sie seine ____________ kennenlernte. (Begriff bedeutet: Familie im weiteren Sinn)
3. „Ich wusste gar nicht, dass er so viele Leute zu der Party ____________ (einladen)."
4. Er wohnte auf dem Dorf, kam sie aber häufig in der ____________ besuchen. (Begriff bedeutet: Ort mit vielen Einwohnern)
5. Er hatte sich ein letztes Mal nach ihr ____________ (umwenden), bevor sie in den Zug nach Hause stieg.
6. Der Liebesbrief wurde schon am nächsten Tag ____________ (übersenden).
7. „Er hat sich von mir ____________ (abwenden)!", schluchzte sie.
8. Sie wussten, sie waren ____________. (Begriff bedeutet: sich ohne Worte verstehen, Geschwister im Geiste)
9. Bevor sich ihr Akku vollständig ____________(entladen), schickt sie ihm eine SMS.

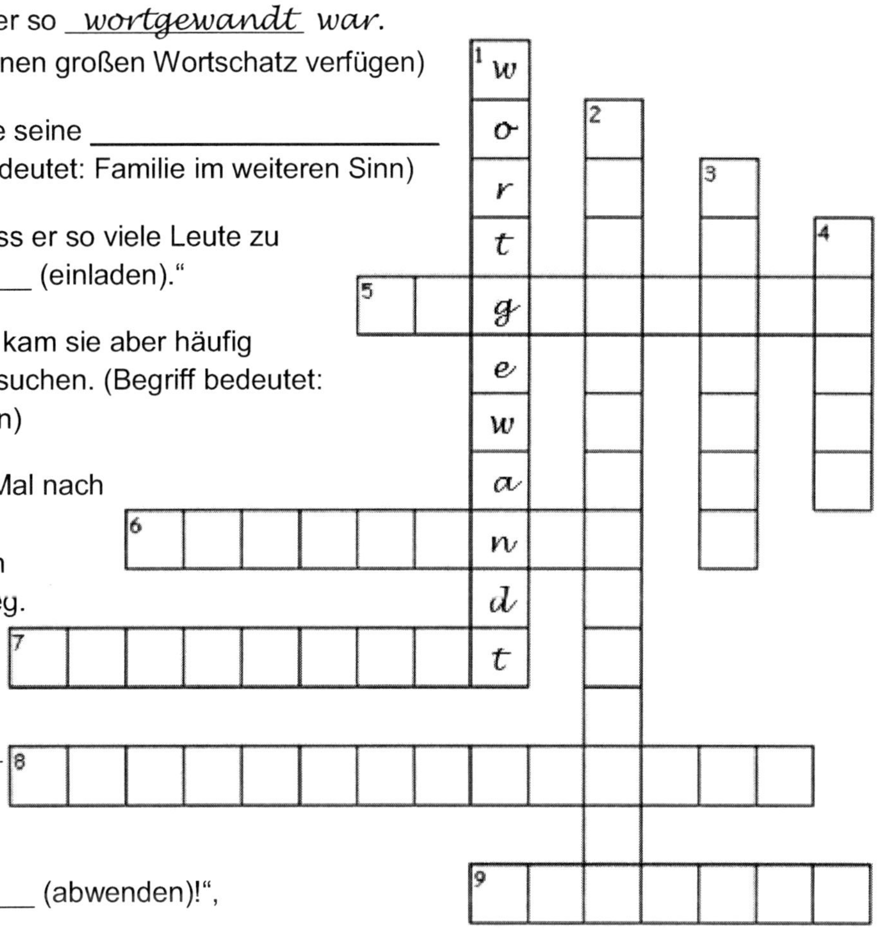

Name:

Merkwörter mit d lernen (Seite 1)

Ein paar Wörter mit „d“ lassen sich *nicht* sinnvoll ableiten. Merke sie dir auswendig.

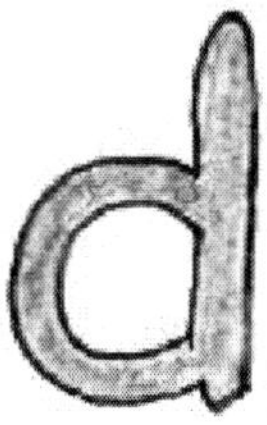

die Jugen**d**
die Jag**d**
irgen**d**wie
nirgen**d**wo
nie**d**lich
re**d**lich
(sich) wi**d**men

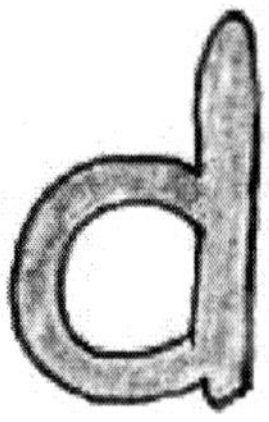

Lerntipps:

1. **Damit du dir die Wörter besser merken kannst, lies diesen Text aufmerksam durch:**
   Die **Jagd** auf die **Jugend** ist **nirgendwo** erlaubt. Dennoch gibt es **irgendwie** eine **Jagd** auf die **Jugend**lichkeit! Viele alternde Menschen **widmen** sich diesem Thema. Sie bemühen sich **redlich**, für immer jung, schön und **niedlich** zu bleiben.

2. **Decke den Text jetzt ab und setze die Merkwörter in die Lücken ein.**
   Die _____________ auf die ______________ ist __________________ erlaubt.
   Dennoch gibt es ________________ eine _________ auf die _______________lichkeit!
   Viele alternde Menschen ______________ sich diesem Thema. Sie bemühen sich
   ___________, für immer jung, schön und ________________ zu bleiben.

3. **Decke jetzt den Text wieder auf und kontrolliere, ob du richtig geschrieben hast.**

Name:

Merkwörter mit d lernen (Seite 2)

4. Schreibe die Wörter nun noch einmal auf:

____

____

____

____

____

____

____

5. Schneide dir kleine Zettel aus, die in eine Streichholzschachtel passen.

- Schreibe die Merkwörter auf die Zettel und hebe diese in der Schachtel auf.
- Beschrifte die Schachtel mit „Merkwörter mit **d**".
- Nimm die Schachtel für eine Weile überallhin mit und wiederhole die Wörter immer wieder.
- Versuche, die Merkwörter *auswendig* aufzusagen, bis du dies dreimal hintereinander schaffst.

6. Bilde mit jedem Wort einen Satz.

____

____

____

____

____

____

____

7. Versuche die Wörter nach einer Woche noch einmal auswendig aufzuschreiben.

- Gelingt dir dies, wiederholst du sie erst in zwei Wochen noch einmal.
- Gelingt es dir nicht, wiederholst du sie in den drei aufeinanderfolgenden Tagen noch einmal.

Name:

Merkwörter mit t lernen (Seite 1)

Auch einige wenige Wörter mit „t“ lassen sich *nicht* sinnvoll umformen.
Präge sie dir gut ein – aber erst, wenn du die Wörter mit „d“ sicher kannst.

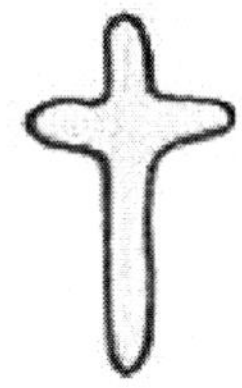

an**t**worten
e**t**was
e**t**liche
das An**t**litz
die Wi**t**we

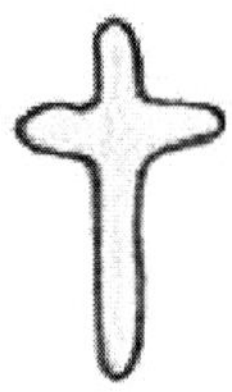

Lerntipps:

1. **Lies diesen Kurztext und versuche, dir die unterstrichenen Wörter zu merken.**
   „Es ist **etwas** Furchtbares geschehen!“, **antwortete** die **Witwe** auf die Fragen der Polizei. „**Etliche** Male habe ich ihm gesagt, er solle nach dem Essen warten, bevor er wieder schwimmen gehe.“ Ihr **Antlitz** war von Trauer geprägt.

2. **Decke den Text jetzt ab und setze die Merkwörter in die Lücken ein.**
   „Es ist __________ Furchtbares geschehen!“, ______________ die __________auf die Fragen der Polizei . „________________ Male habe ich ihm gesagt, er solle nach dem Essen warten, bevor er wieder schwimmen gehe.“ Ihr _______________ war von Trauer geprägt.

3. **Decke nun den Text wieder auf und kontrolliere, ob du richtig geschrieben hast.**

Name:

Merkwörter mit t lernen (Seite 2)

4. Schreibe die Wörter nun noch einmal auf:

5. Schneide dir kleine Zettel aus, die in eine Streichholzschachtel passen.

- Schreibe die Merkwörter auf die Zettel und hebe diese in der Schachtel auf.
- Beschrifte die Schachtel mit „Merkwörter mit **t**".
- Nimm die Schachtel für eine Weile überallhin mit und wiederhole die Wörter immer wieder.
- Versuche, die Merkwörter *auswendig* aufzusagen, bis du dies dreimal hintereinander schaffst.

6. Bilde mit jedem Wort einen Satz.

7. Versuche die Wörter nach einer Woche noch einmal auswendig aufzuschreiben.

- Gelingt dir dies, wiederholst du sie erst in zwei Wochen noch einmal.
- Gelingt es dir nicht, wiederholst du sie in den drei aufeinanderfolgenden Tagen noch einmal.

Name:

Entscheidung zwischen d und t (Lückentext)

Hier kannst du dein neues Wissen einsetzen!
Es geht um die Entscheidung zwischen d und t. Achte auf Merkwörter!

Gesun__heit ist vieles

Damit es einem gut geht, ist vieles wichtig. Ein Teil häng__ von der *Ernährung* ab. Was wir essen und trinken und wie viel davon, und auch, ob wir uns abwechslungsreich oder einseitig ernähren. Wir sollten unsere Nahrungsaufnahme jedoch nicht to__ernst angehen, denn sie darf ruhig e__was Lus__volles sein. Wer sich aber doch zu run__lich fühlt und e__liche Pfun__ zu viel auf die Waage bringt, ist vielleicht nicht ganz schul__los daran und sollte sich rech__zeitig der Überprüfung seiner Essgewohnheiten wi__men. Wie wäre es zum Beispiel mit herzhaftem Vollkornbro__ statt laschen Weißmehl-Brö__chen und süßem Gebäck? Und vor allem aben__s nicht mehr so viel naschen! Tja, manche Ra__schläge machen nicht wirklich Freude! ☺

Neben Speis' und Trank ist die *Bewegung* für unser Wohlbefinden en__scheiden__. Laufen__ umrunden wir währen__ unseres Lebens im Durchschnitt viermal die Erde! Ra__fahren, Fußballspielen und andere Sportarten sind zudem ein gutes Mittel gegen den täglichen Stress, der uns durch Schule und Arbei__ bescher__ wird, denn beim Sport werden Stoffe im Körper freigesetz__, die uns gu__tun. Wir fühlen uns elastisch, frisch, munter und jugen__lich.

Nicht nur beim Sport ist es sinnvoll, wenn man seinen Körper kenn__ und einschätzen kann. Neues auszuprobieren macht Spaß, und ein paar ungewohnte Herausforderungen kann man immer gebrauchen. Zum Beispiel einen Tag lang die Han__ zu „tauschen". Das heißt, alles was wir mit rechts machen würden, wie zum Beispiel die Tür öffnen oder die Maus am Computer führen, mit links zu tun. Dabei wird einem deu__lich, wie eingefahren wir in unseren Bewegungen sind.

Aber nicht nur die körperliche Fitness ist ausschlaggeben__ für unsere Gesun__heit! Wie man sich *seelisch* fühlt, ist ebenso bedeuten__. Hilfreich ist, wenn man sich re__lich um gute Freun__schaften bemüht und eine Familie hat, die einen unterstützt.

Diese sozialen Beziehungen können uns wirklich wohltun, obwohl sie auch manchmal belasten__ sind, zum Beispiel bei Strei__ oder wenn wir uns unverstanden fühlen. Deshalb ist im Umgang mit anderen das gegenseitige Verstän__nis no__wendig. Bei 16.000 Wörtern, die wir durchschni__ __lich pro Tag sprechen, sind Nachfragen schon mit inbegriffen. Wenn man versteht, *warum* ein anderer etwas tut, ist es manchmal schon gar nicht mehr so befrem__lich. Letzten__lich ist wichtig, dass man sich wohlfühlt in dem, wie man ist, und mit dem, was man tut!

Lösungen zur Auslautableitung d-t

Ableitungen mit d üben

Hinweis für den Lehrenden:
Ab hier geht es um die Ableitung d-t. Zunächst sollen die Wörter, bei denen der einzusetzende Laut am Silbenende steht, in zweisilbige verändert werden.

Schreibe von jedem Lückenwort einen Verwandten auf,
bei dem du d als weichen Laut hören kannst.
Fülle dann die Lücken.

Menschen sind nicht alle gleich. Der augenfälligste Unterschie**d** betrifft unser Aussehen.

Unterschie**d**e

Wenn ich gestresst bin, hilft es mir manchmal, eine halbe Stunde nur für mich zu haben. Dann kann ich spazieren gehen, oder einfach nur frie**d**lich auf dem Bett liegen und ein Lie**d** meiner Lieblingsband anhören.

Frie**d**en Lie**d**er

Manchmal haben wir einen ganz bestimmten Eindruck von einer Person. Dieses Bil**d** kann sich aber ändern, wenn wir diese Person besser kennenlernen.

Bil**d**er

Bisher ist es in unserem Lan**d** noch immer so, dass Rock oder Klei**d** meist nur von Mädchen getragen werden. In Schottland gibt es jedoch auch für Männer eine Art Rock; man nennt ihn „Kilt". Wer weiß, vielleicht wird das auch bei uns irgendwann Mode?

Län**d**er Klei**d**er

Manche Dinge kenne ich nicht. Sie sind mir frem**d**.

frem**d**e, Frem**d**er

Entscheidung zwischen d und t mithilfe Ableitung fällen

Hinweis für den Lehrenden:
Hier wird die kognitive Entscheidung zwischen d und t provoziert, da d und t am Silbenende und vor Konsonant beide stimmlos klingen. Die Strategie lautet: d schreibe ich nur dann, wenn es ein verwandtes Wort mit d gibt. Dazu verlängere ich das Wort so, dass der Laut am Silbenanfang steht. Hier klingen d und t wieder unterschiedlich und ich kann *hören*, wie ich schreiben muss.

Hier kannst du dein neues Wissen anwenden.
Entscheide dich zwischen d und t.

Man ist, was man isst

Wenn man berechnen würde, wie viel ein Mensch durchschnittlich im Leben isst, wäre das furch**t**bar viel. In unserem Lan**d** wären das etwa 30 Tonnen Lebensmittel pro Person. In denen ist Energie enthalten, die der Mensch zum Leben benötigt.
Die Menge an Energie, die ein Mensch täglich verbrennt, setzt sich zusammen aus Grun**d**umsatz und Arbei**t**sumsatz. Grun**d**umsatz ist das, was der Mensch braucht, um Körperfunktionen aufrechtzuerhalten, wie Atmung und Kreislauf. Der Arbei**t**sumsatz ist die Energiemenge, die der Mensch zusätzlich braucht, zum Beispiel für körperliche Belastung. Wer viel Sport treibt, ist auf mehr Energie angewiesen als reman**d**, der nur vor dem Computer sitzt. Und auch ein Kin**d** benötigt weniger als ein Jugendlicher oder Erwachsener.
Alle Lebensmittel enthalten Energie, egal ob sie fes**t** sind oder flüssig. Der Unterschie**d** besteht darin, wie viel Energie und/oder Nährstoffe ein Lebensmittel enthält. Es gibt Lebensmittel, die den Ruf haben, gesun**d** zu sein, andere gelten eher als schlech**t** und ungesun**d**.
Mittlerweile ist es allgemein bekann**t**, dass man Lebensmittel wie Bro**t**, Obst und Gemüse häufig und in großen Mengen essen darf. Pommes, Wurs**t**, Käse und Süßigkeiten hingegen sollte man in Maßen genießen.
Obst, Sala**t** und Gemüse enthalten zwar wenig Energie, aber viele wichtige Nährstoffe wie Vitamine und Mineralstoffe.

dt: Entscheidung fällen zwischen d und t (Text)

Hier kannst du dein neues Wissen anwenden.
Entscheide dich zwischen d und t.

Man ist, was man isst

Wenn man berechnen würde, wie viel ein Mensch durchschnittlich im Leben isst, wäre das furch**t**bar viel. In unserem Lan**d** wären das etwa 30 Tonnen Lebensmittel pro Person. In denen ist Energie enthalten, die der Mensch zum Leben benötigt.
Die Menge an Energie, die ein Mensch täglich verbrennt, setzt sich zusammen aus Grun**d**umsatz und Arbei**t**sumsatz. Grun**d**umsatz ist das, was der Mensch braucht, um Körperfunktionen aufrechtzuerhalten, wie A**t**mung und Kreislauf. Der Arbei**t**sumsatz ist die Energiemenge, die der Mensch zusätzlich braucht, zum Beispiel für körperliche Belastung. Wer viel Sport treibt, ist auf mehr Energie angewiesen als jeman**d**, der nur vor dem Computer sitzt. Und auch ein Kin**d** benötigt weniger als ein Jugendlicher oder Erwachsener.
Manche Lebensmittel sind fes**t**, andere sind flüssig. Alle Lebensmittel enthalten Energie: Sala**t**, Wurs**t**, Saf**t**, Bro**t** und alles Weitere. Der Unterschie**d** besteht darin, wie viel Energie und/oder Nährstoffe ein Lebensmittel enthält.
Es gibt Lebensmittel, die den Ruf haben, gesun**d**, mil**d** oder leich**t** zu sein, andere gelten eher als schlech**t**, schä**d**lich und ungesun**d**.
Zum Lei**d**wesen vieler Menschen sind of**t** gerade die leckeren Lebensmittel die, die am meisten Energie enthalten. Übergewich**t** kann die Folge sein.

Schwierige Ableitungen:

furchtbar → fürch**t**en
A**t**mung → A**t**em
oft → öf**t**er

dt: Entscheidung fällen zwischen d und t (Text)

Hier kannst du dein neues Wissen anwenden.
Entscheide dich zwischen d und t.

Man ist, was man isst

Wenn man berechnen würde, wie viel ein Mensch durchschnittlich im Leben isst, wäre das furch**t**bar viel. In unserem Lan**d** wären das etwa 30 Tonnen Lebensmittel pro Person. In denen ist Energie enthalten, die der Mensch zum Leben benötigt.
Die Menge an Energie, die ein Mensch täglich verbrennt, setzt sich zusammen aus Grun**d**umsatz und Arbei**t**sumsatz. Grun**d**umsatz ist das, was der Mensch braucht, um Körperfunktionen aufrechtzuerhalten, wie A**t**mung und Kreislauf. Der Arbei**t**sumsatz ist die Energiemenge, die der Mensch zusätzlich braucht, zum Beispiel für körperliche Belastung. Wer viel Sport treibt, ist auf mehr Energie angewiesen als jeman**d**, der nur vor dem Computer sitzt. Und auch ein Kin**d** benötigt weniger als ein Jugendlicher oder Erwachsener.
Manche Lebensmittel sind fes**t**, andere sind flüssig. Alle Lebensmittel enthalten Energie: Sala**t**, Wurs**t**, Saf**t**, Bro**t** und alles Weitere. Der Unterschie**d** besteht darin, wie viel Energie und/oder Nährstoffe ein Lebensmittel enthält.
Es gibt Lebensmittel, die den Ruf haben, gesun**d**, mil**d** oder leich**t** zu sein, andere gelten eher als schlech**t**, schä**d**lich und ungesun**d**.
Zum Lei**d**wesen vieler Menschen sind of**t** gerade die leckersten Lebensmittel die, die am meisten Energie enthalten. Übergewich**t** kann die Folge sein.
Ein Ernährungspolizis**t** würde empfehlen, täglich fünf Portionen Obst oder Gemüse zu essen. Eine Portion ist ungefähr eine Han**d**voll. Obst und Gemüse enthalten wenig Energie, aber viele wichtige Nährstoffe wie Vitamine und Mineralstoffe.

Schwierige Ableitungen:

furchtbar → fürch**t**en
Atmung → A**t**em
oft → öf**t**er

d oder t? (Wissensfragen)

Hinweis für den Lehrenden:
Die Übung ist zur Vertiefung gedacht: Die Verlängerungsstrategie soll automatisiert werden.

Verlängere die Wörter im Kopf und entscheide dich dann für d oder t.

1. Wusstest du, dass man am Aben**d** nur schwarz und weiß sehen kann?

In unseren Augen gibt es sogenannte Zapfen und Stäbchen. Die Zapfen sind für bunte Farben zuständig, brauchen aber Lich**t** als Anreiz. Die Stäbchen können nur Schwarz und Weiß unterscheiden. Dafür sind sie lich**t**empfindlicher. Und genau deshalb kann nieman**d** bei wenig Helligkei**t** Farben erkennen.

2. Wusstest du, warum ein Hun**d** andauern**d** hechel**t**?

Ob Dackel, Pudel oder Bernhardiner: diese Tiere müssen ihre Körpertemperatur durch das Hecheln regulieren. Der Grun**d** dafür ist, dass sie im Unterschie**d** zum Menschen oder auch zum Pfer**d** kaum Schweiß produzieren können, der den Körper durch Verdunsten abkühlt.

3. Wusstest du, dass es wirklich schwierig ist, mit geschlossenen Augen das Gleichgewich**t** zu halten?

Probiere es einmal aus: Stell dich auf ein Bein und schließe die Augen. Wenn du es schaffst, nicht nur für einen Momen**t**, sondern mindestens für eine Minute blin**d** so stehenzubleiben, dann bist du ein wahrer Profi. Aber nicht schummeln und dich mit deiner Han**d** fes**t**halten!

Verben mit d oder t im Wortstamm

Hinweis für den Lehrenden:
Wenn ein Schüler noch nicht weiß, was ein *Wortstamm* ist, kann ihm folgende Erklärung gegeben werden:
Ein Wortstamm ist das, was übrigbleibt, wenn man alle Vorsilben, Endungen und Nachsilben abtrennt. Der Wortstamm ist bei allen Mitgliedern einer Wortfamilie gleich. Beispiel:

Kind: Kinder, Kindchen, Kindergarten, kindlich, kindisch, Kindheit

---

Verben mit d oder t im Wortstamm hören sich oft recht verzwickt an.
Versuche die Verben im Text in der richtigen Personalform einzusetzen.
Ermittle zunächst den Wortstamm und hänge dann die passende Endung an!

Martin schlendert mit seiner Freundin Nina über den Jahrmarkt. Sie haben sich beim Sport kennengelernt. Er hä**lt** (halten) ihre Hand. Als sie kurz abgelenkt ist, kauft er ihr ein Lebkuchenherz. „ Du rät**st** (raten) nie, was ich hier für dich habe…". „Da du noch immer vor dem Stand mit den Lebkuchenherzen stehst, ist das nicht allzu schwer, für wie dumm hält**st** (halten) du mich?", lacht sie und hängt sich das Herz um den Hals.
„Ich dachte nicht, dass du das *so* schnell errät**st** (erraten)", schmollt Martin. Aber viel Zeit, um sich über sein missglücktes Rätsel zu ärgern, bleibt ihm nicht.
Drei Buden weiter werden gegrillte Maiskolben verkauft. Martin stöß**t** (stoßen) fast einen kleinen Jungen um, als er zu dem Stand eilt. „Brät**st** (braten) du den bitte von allen Seiten rundum an?", fragt er den Verkäufer. „Aber sicher doch!", erwider**t** (erwidern) dieser. Er bereitet den Kolben gekonnt zu und salz**t** (salzen) ihn zum Ende ganz leicht. Sobald Martin den Mais in der Hand häl**t** (halten), beiß**t** (beißen) er auch schon genüsslich hinein. „Lecker!" Anschließend putz**t** (putzen) er sich den Mund mit einer Serviette ab.
Als sie weiter von Stand zu Stand laufen, entdecken sie eine Lotterie. Diesmal läd**t** (laden) Nina Martin ein, denn er los**t** (losen) wirklich gerne. Und er hat Glück: Mit dem zweiten Los gewinnt er ein kleines Radio.
Das Paar verläss**t** (verlassen) den Budenplatz. Kurz vor der Haltestelle flitz**t** (flitzen) der Bus vor ihren Nasen davon. Aber das macht ihnen nichts aus. Sie warten gemeinsam und lauschen der Musik aus dem neuen Radio. Dann verabreden sie sich für den kommenden Tag im Freibad. Zum Abschied küss**t** (küssen) sie ihn sanft auf die Wange.

Partizip Präsens

Aufgabe 1:
Die Endung „d" des Partizip Präsens klingt am Wortende hart wie /t/.
Wie kannst du die richtige Schreibung herausfinden? Formuliere eine Antwort.

Um die richtige Schreibung herauszufinden, wende ich auch beim Partizip Präsens die Verlängerungsregel an, damit „d" am Silbenanfang steht und als weicher Laut hörbar wird.

Aufgabe 2:
Ersetze die unterstrichenen Wörter durch eine Form des Partizip Präsens.

Nahrungsaufnahme:

a) Während man ein Brötchen mit Käse verzehrt, führt man sich rund 274 kcal zu.

Ein Brötchen mit Käse verzehrend führt man sich rund 274 kcal zu. (verzehren**d**e)

b) Nascht man eine halbe Tafel Vollmilchschokolade, nimmt man 263 kcal auf.

Eine halbe Tafel Schokolade **naschend** nimmt man 263 kcal auf. (naschen**d**e)

c) Trinkt man ein Glas (0,2 l) Apfelschorle, liefert man dem Körper 22 kcal.
Ein Glas Apfelschorle **trinkend** liefert man dem Körper 22 kcal. (trinken**d**e)

Bewegung:

Beim Sichbewegen, wie zum Beispiel dem Radfahren oder dem Spazierengehen, werden viele der über 400 Skelettmuskeln eines Menschen angesprochen. (Skelettmuskeln sind für alle aktiven Bewegungen zuständig.)
Sich **bewegend**, wie zum Beispiel beim Radfahren oder Spazierengehen, werden viele der über 400 Skelettmuskeln eines Menschen angesprochen. (bewegen**d**e)

Beim Lachen betätigt man 17 Muskeln im Gesicht.

Lachend betätigt man 17 Muskeln im Gesicht. (lachen**d**e)

Beim Küssen werden 34 Gesichtsmuskeln beansprucht.

Küssend werden 34 Gesichtsmuskeln beansprucht. (küssen**d**e)

Partizip Perfekt

Hinweis für den Lehrenden:
Wenn weiteres Üben erforderlich sein sollte, kann das Partizip Perfekt zu folgenden Verben geschrieben werden:
lachen, folgen, schicken, glauben, zählen, heilen, kaufen, spielen, fragen, machen, kochen, legen, weinen, drehen, führen, stecken, stellen, bellen, leben, klettern, lernen, holen, hören, machen, brauchen, üben, lernen, sagen

(Bei *starken* Verben wird das Partizip Perfekt mit der Vorsilbe ge- und der Endung *-en* gebildet: angefangen, getragen.)

Setze das Partizip Perfekt in die Lücken ein.

Riechen, müffeln, duften,...
Hast du dich schon einmal gefra**gt** (fragen), warum man sagt: „Ich kann dich nicht riechen!", wenn man damit ausdrücken möchte, dass man jemanden nicht mag?
Der Geruch eines Menschen spielt bei der Kommunikation eine wichtige Rolle. In unterschiedlichen Stimmungslagen haben wir unterschiedliche Gerüche. Und auch ob wir jemanden mögen oder nicht, wird unbewusst von unserer Nase gesteuer**t** (steuern). Dabei hat jeder Mensch seinen ganz eigenen Geruch. Es wurde sogar ein Buch gedruck**t** (drucken) und mittlerweile ein Film gedreh**t** (drehen), die vom Geruch handeln. Darin wird ein Mensch beschrieben, der keinen eigenen Geruch hat und der deswegen versucht, den menschlichen Geruch künstlich herzustellen. Die Geschichte spielt im 18. Jahrhundert. Heute wird von den meisten Menschen eher danach gestreb**t** (streben), ihren eigenen Geruch mit Deodorants und Parfums zu überdecken.
Interessant ist aber, dass Schweiß an sich gar nicht stinkt. Der für unsere Nasen unangenehme Geruch entsteht durch Bakterien und Hefepilze, die sich an unserem Körper festgesetz**t** (festsetzen) haben. Die Bakterien zersetzen den Schweiß in seine einzelnen Bestandteile, zum Beispiel in Buttersäure. Und das ist der Grund, warum unsere Nase gedemüti**gt** (demütigen) wird. Verstärkt wird das Ganze, wenn wir Koffein, Alkohol, Nikotin oder scharfes Essen zu uns genommen haben.
Die Entdeckung der Hygiene hat im Gegensatz zu früher vieles geänder**t** (ändern). Es ist üblich, sich täglich und insbesondere nach dem Sport zu waschen, unabhängig von Deodorants und Parfums. Dadurch werden die Bakterien und Pilze immer wieder weggespült.
In manchen Kulturen ist das Waschen noch stärker verinnerlicht. In Indonesien beispielsweise wird die Frage: „Hast du schon geduscht (duschen)?" nachmittags so verwendet, wie wir fragen: „Wie geht es dir?"

Adjektive und Partizipien im Superlativ

Welche Form des Adjektivs oder Partizips kann dir Aufschluss über die Schreibung geben? Setze ein: d oder t oder gar nichts?

das reizen**d**ste Mädchen	das reizen**d**e Mädchen
die verschiedensten Möglichkeiten	die verschiedenen Möglichkeiten
das geeigne**t**ste Werkzeug	das geeigne**t**e Werkzeug
die feinste Torte	die feine Torte
das strahlen**d**ste Lächeln	das strahlen**d**e Lächeln
das schönste Erlebnis	das schöne Erlebnis
die glänzen**d**ste Karriere	die glänzen**d**e Karriere
das kleinste Kind	das kleine Kind
die hellsten Sterne	die hellen Sterne
das vollste Stadion	das volle Stadion
der erfahrenste Bergsteiger	der erfahrene Bergsteiger
die stimulieren**d**ste Wirkung	die stimulieren**d**e Wirkung
die verbitter**t**ste alte Frau	die verbitter**t**e alte Frau
die tiefgreifen**d**ste Erkenntnis	die tiefgreifen**d**e Erkenntnis
die aufregen**d**sten Kontakte	die aufregen**d**en Kontakte
die verzogenste Göre	die verzogene Göre
die entzücken**d**sten Ohrringe	die entzücken**d**en Ohrringe

Adjektive und Partizipien im Superlativ (Vertiefung)

In der Halfpipe

Kira schaut bewunder**nd** zu, wie Lars einen Drehsprung vorführt. Rase**nd** schnell drehen sich die Rollen seiner Inlineskates in der Halfpipe. Kiras Freundin Ayse interessiert das nicht so sehr. Sie bläst gelangwei**lt** Seifenblasen in die Luft, die schiller**nd** davonschweben.

Da nimmt Lars Anlauf für einen Salto. Kira schaut ihm wie verzaube**rt** zu. Am entzücken**d**sten an ihm findet sie seine geschmeidigen Bewegungen. Lars erwidert verlieb**t** den Blick seiner Freundin – dabei passt er einen Moment nicht auf und stürzt, den Rand der Halfpipe verfehlen**d**, einige Meter tief auf den harten Beton. Er bleibt seltsam verrenk**t** liegen. Entsetz**t** und laut schreien**d** rennt Kira zu ihm hin. Ayse läuft ihr, den Notruf in ihr Handy tippen**d**, hinterher. Da kommt Lars wieder zu sich. Er richtet sich mühsam auf und reibt sich stöhnen**d** sein linkes Bein. Alle Zuschauer sind erstaun**t**, dass ihm nicht mehr passiert ist. Kira ist allerdings am verwunder**t**sten, da sie immer gleich das Schlimmste befürchte**t**. Mit ihrem strahlen**d**sten Lächeln versucht sie, Lars zu trösten und aufzumuntern.

Von Ferne hört man bereits die Sirene des Krankenwagens. Um die Kurve schlinger**nd** düst er heran und bleibt, mit den Reifen quietschen**d**, einen Meter vor dem Verletzten stehen. „Wer braucht unsere Hilfe am dringen**d**sten?“, ruft ein Sanitäter mit seinem Erste-Hilfe-Koffer aus dem Wagen springen**d**.

„Wir haben nur *einen* Verletzten“, antwortet Kira und deutet auf ihren Freund.

Lars' Schutzausrüstung hat ihn vor dem Schlimmsten bewahrt, aber am nächsten Tag kommt er mit Krücken in die Schule gehumpel**t**. Er trägt sie mit Stolz, denn nur echte Skater verletzen sich auch. Kira sieht das anders.

Stammsilbe „end-“ und Vorsilbe „ent-“

Überlege, wann du „end-“ oder wann du „ent-“ einsetzen musst.

Betrachtet man es genau, dann können psychische und körperliche Gesundheit nicht _ent_ zweit werden. Das sehen wir nicht zuletzt in den folgenden Redewendungen:

1. „Das schlägt mir auf den Magen“ oder „Das bereitet mir Bauchschmerzen“ **ent**spricht dem Gemütszustand: „Damit geht es mir **ent**setzlich.“
2. „Ich habe Schmetterlinge im Bauch“ soll heißen: „Es hat mich **end**gültig erwischt – ich bin verliebt!“
3. „Es stößt mir bitter auf“ oder „Das bereitet mir Kopfschmerzen“ meint: „Mit dieser **Ent**scheidung habe ich Probleme“.
4. „Das macht mich sprachlos!“ **ent**gegnet man sowohl in positiver als auch in negativer Reaktion auf etwas, dass man nicht erwartet hat.
5. „Kalte Füße bekommen“ sagt man, wenn man vor etwas un**end**liche Angst hat.
6. „Atemberaubend“ ist etwas, das sich im positiven Sinn so **ent**wickelt hat, wie man es nicht zu träumen wagte.
7. „Wie vor den Kopf geschlagen“ kann man sich fühlen, wenn man etwas **ent**deckt, das einen verletzt oder **ent**täuscht.
8. Hat man „viel um die Ohren“, ist man nicht gerade **ent**spannt.
9. „Etwas steigt jemandem zu Kopfe“, wenn dieser letzt**end**lich übermütig wird.
10. Und fühlen wir uns einfach nur gut, psychisch und körperlich, können wir **end**lich sagen: **Ende** gut, alles gut.

Das Substantiv „Tod“

Hinweis für den Lehrenden:

Die Schreibungen des Substantivs „Tod“ und des Adjektivs „tot“ mit ihren Zusammensetzungen sind sehr fehleranfällig. In vielen Fällen hört man die lautliche Differenz oder kann über die Ableitung bzw. die Verlängerung des Wortes die richtige Schreibung herausfinden:

du bist des To**d**es
to**d**esmutig
der To**d** – die To**d**e
der Liebesto**d** – die Liebesto**d**e

to**t** – der to**t**e Mann

Schwierig wird es dann, wenn „Tod“ und „tot“ als *Bestimmungswörter* an erster Stelle einer Zusammensetzung stehen, weil dann die Verlängerung nicht funktioniert:

die To**d**sünde
to**d**bleich

to**t**schlagen

Die einzige Hilfestellung, die es gibt, ist die Strukturierung dieser Zusammensetzungen mit dem Hinweis, dass „**Tod**“ als *Bestimmungswort* nur mit anderen **Substantiven** und **Adjektiven** verbunden werden kann und „**tot**“ nur mit **Verben**.

Die erste Hilfestellung zu „Tod“ sollte ausreichend geübt und gefestigt werden, bevor nach einer Weile (und evtl. nach einem anderen Thema) mit „tot“ und seinen Zusammensetzungen fortgefahren wird.

Bilde Zusammensetzungen mit „Tod“ und den vorgegebenen Substantiven.
Bei vier von den Zusammensetzungen musst du „Tod“ beugen.

	Feind	der **Todfeind**
	Ahnung	die **Todesahnung**
	Sünde	die **Todsünde**
Tod	Ursache	die **Todesursache**
	Nachricht	die **Todesnachricht**
	Kranke	der **Todkranke**
	Kampf	der **Todeskampf**

Welche Zusammensetzungen aus „tod-“ und den vorgegebenen Adjektiven passen in welche Lücken?

schick	ernst	langweilig	krank	müde	traurig

Er war **todtraurig** über die Trennung von seiner Freundin.
Der Dokumentarfilm war **todlangweilig**.
Die Situation ist nicht zum Lachen, sondern **todernst**.
Schon seit Wochen liegt er **todkrank** im Bett.
Ihr neues Kleid ist **todschick.**
Nach der Schule bin ich immer **todmüde.**

Merke dir auch das Adjektiv „tödlich“ (etwas bewirkt den Tod).

Ein **tödlicher** Schuss. Viele **tödliche** Unfälle durch Unachtsamkeit.
Der Fußgänger wurde **tödlich** verletzt. Kann Koffein **tödlich** sein?

Das Adjektiv „tot“

Hinweis für den Lehrenden:
Die Schreibung von „tot“ als *Bestimmungswort* an erster Stelle einer Zusammensetzung sollte erst dann thematisiert werden, wenn die Zusammensetzungen mit „Tod“ verstanden und automatisiert werden konnten. Ansonsten droht die „Ähnlichkeitshemmung“ durch die zeitlich nah aufeinanderfolgende Besprechung ähnlicher Inhalte.

Die Schreibung des Adjektivs „tot“ kann durch die übliche Verlängerungsregel herausgefunden werden:

to**t** → ein to-**t**er Mann
der Käfer ist mauseto**t** → der mauseto-**t**e Käfer

Wenn „tot“ aber als Bestimmungswort an erster Stelle einer Zusammensetzung auftaucht, ist eine Verlängerung nicht möglich. Der Schüler kann sich aber merken, dass „tot“ nur mit **Verben** zusammengesetzt werden kann (wenn es an erster Stelle steht):

to**t**schlagen

In Zweifelsfällen sollte der Griff zum Wörterbuch erlaubt sein.

Die Schreibung des Adjektivs „tot“ kannst du durch Verlängerung herausfinden.

ein **toter** Mann	der **tote** Käfer
die **toten** Soldaten	das **tote** Reh

Finde mindestens acht Zusammensetzungen aus „tot-“ und einem Verb.

Mögliche Lösungen:
totschießen, totschlagen, totlachen, totarbeiten, totfahren, totärgern, tottrampeln, totschweigen, totkriegen, totmachen, tottreten, totgeboren, totgeglaubt

Tod und tot

Hinweis für den Lehrenden:
Die Gegenüberstellung von Tod- und tot- sollte nur dann erfolgen, wenn die Regeln ausreichend gesichert sind. Ansonsten ist es in diesem schwierigen Fall besser, darauf zu verzichten und die Regeln lieber nach einer kleinen Pause noch einmal einzeln zu wiederholen.

Entscheide dich zwischen d und t. Was musst du in die Lücken einsetzen?
Bei zwei Wörtern kannst du hören, wie du schreiben musst. Bei welchen?

Man kommuniziert *immer*. Mit oder ohne Worte. Auch mit unserer Art des Auftretens vermitteln wir anderen gegenüber immer wieder Botschaften. Manchmal ist es aber so, dass das, was wir ausdrücken wollen, von den anderen nicht so gedeutet wird. Manchmal nehmen wir gleiche Situationen einfach unterschiedlich wahr.

1. Zum Beispiel kann bei einem Theaterstück das Publikum vor Spannung to**t**enstill sein. Vielleicht denken aber die Darsteller, dass das Publikum to**d**müde ist und werden to**d**traurig.

2. Anna und Ben sitzen im gleichen Zimmer zum Lernen: Ben sagt: „Das Fenster ist offen." Wer denkt jetzt was?
   Ben denkt, dass er sich halbto**t** friert und er gleich to**d**krank werden wird. Er denkt, dass er Anna bitten sollte, das Fenster zu schließen.
   Anna denkt, dass Ben es gut findet, dass das Fenster offen ist, und erwidert to**d**ernst:
   „Ja, die frische Luft tut gut."
   Und vielleicht denkt Ben jetzt, dass Anna ihn to**d**unglücklich machen will, obwohl sie es nicht böse gemeint hat.

Wenn man den Kopf schüttelt, weiß hierzulande jeder, dass man etwas verneinen möchte. Und ein Nicken bedeutet eine Zustimmung. Es gibt aber auch Länder, wie z.B. Indien oder Bulgarien, in denen es genau umgekehrt ist.
Um einander to**d**sicher zu verstehen, müssen wir überlegen, wie der jeweils andere diese Situation begreift. Hilfreich ist es dabei, etwas über die andere Kultur zu wissen oder bei Unwissenheit einfach nachzufragen.

4. Missverständnisse gibt es immer. Bei manchen kann man sich schier to**t**lachen, bei anderen ärgert man sich zu To**d**e. Also lieber einmal mehr nachfragen. Also lieber einmal mehr nachfragen und Probleme nicht einfach to**t**schweigen.

Die Schreibung erhören kann man bei „**totenstill**" und „**zu Tode**".

Wörter mit dt

Hier geht es um Wörter mit dt. Setzte die Wörter in das Kreuzworträtsel ein.

1. Sie mochte ihn sehr, da er so *wortgewandt* (Begriff bedeutet: über einen großen Wortschatz verfügen) war.
2. Sie war aufgeregt, als sie seine *Verwandtschaft* kennenlernte. (Begriff bedeutet: Familie im weiteren Sinn)
3. „Ich wusste gar nicht, dass er so viele Leute zu der Party *einlädt* (einladen)."
4. Er wohnte auf dem Dorf, kam sie aber häufig in der *Stadt* besuchen. (Begriff bedeutet: Ort mit vielen Einwohnern)
5. Er hatte sich ein letztes Mal nach ihr *umgewandt* (umwenden), bevor sie in den Zug nach Hause stieg.
6. Der Liebesbrief wurde schon am nächsten Tag *übersandt* (übersenden).
7. „Er hat sich von mir *abgewandt* (abwenden)!", schluchzte sie.
8. Sie wussten, sie waren *seelenverwandt*. (Begriff bedeutet: sich ohne Worte verstehen, Geschwister im Geiste)
9. Bevor sich ihr Akku vollständig *entlädt* (entladen), schickt sie ihm eine SMS.

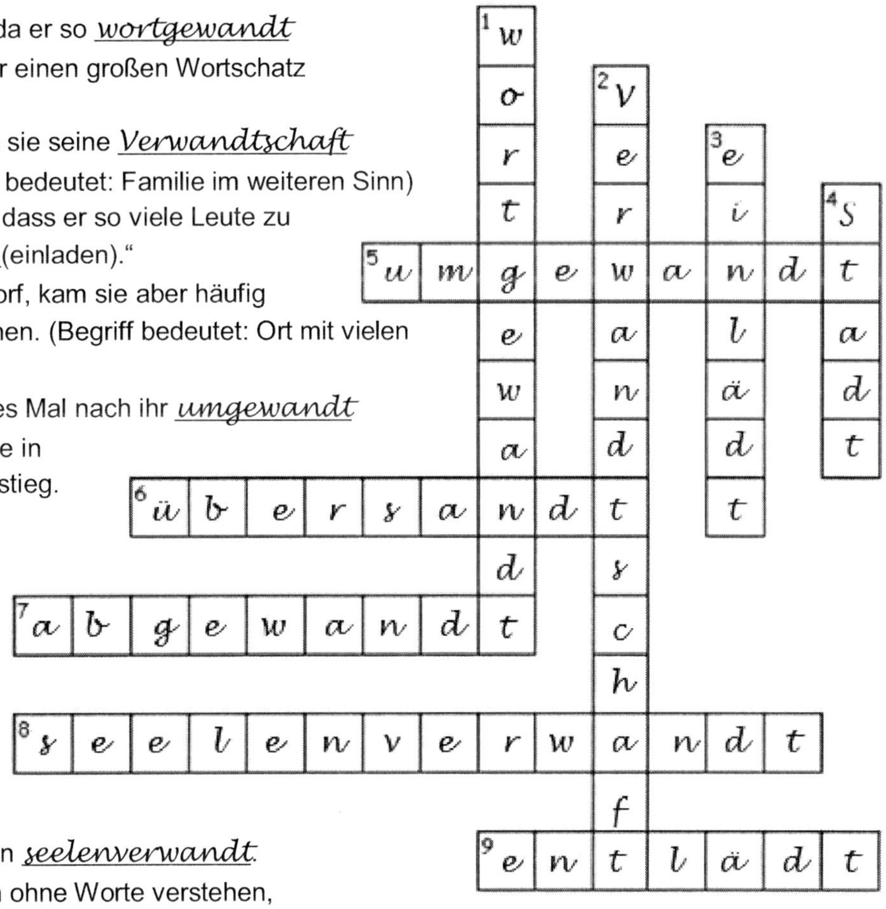

Entscheidung zwischen d und t (Lückentext)

Hinweis für den Lehrenden:
Diese Übung macht nur Sinn, wenn die Merkwörter mit d und t bereits ausreichend im Gedächtnis gespeichert werden konnten. Weiterhin ist wichtig, dass die Schüler die Gelegenheit erhalten, die Merkwörter jeweils nach ein paar Tagen nochmals zu wiederholen.

Die Form des Lückentextes ermöglicht das selbstständige Arbeiten des Schülers und das Fokussieren auf ein bestimmtes Rechtschreibproblem. Sinnvoll ist, die Lückenwörter nach der Korrektur auch noch zusammen mit ihrem Wortverwandten extra aufschreiben zu lassen.

Hier kannst du dein neues Wissen einsetzen!
Es geht um die Entscheidung zwischen d und t. Achte auf Merkwörter!

Gesun**d**heit ist vieles
Damit es einem gut geht, ist vieles wichtig. Ein Teil häng**t** von der Ernährung ab. Was wir essen und trinken und wie viel davon, und auch, ob wir uns abwechslungsreich oder einseitig ernähren. Wir sollten unsere Nahrungsaufnahme jedoch nicht to**d**ernst angehen, denn sie darf ruhig e**t**was Lus**t**volles sein. Wer sich aber doch zu run**d**lich fühlt und e**t**liche Pfun**d** zu viel auf die Waage bringt, ist vielleicht nicht ganz schul**d**los daran und sollte sich rech**t**zeitig der Überprüfung seiner Essgewohnheiten wi**d**men. Wie wäre es zum Beispiel mit herzhaftem Vollkornbro**t** statt laschen Weißmehl-Brö**t**chen und süßem Gebäck? Und vor allem aben**d**s nicht mehr so viel naschen! Tja, manche Ra**t**schläge machen nicht wirklich Freude! ☺
Neben Speis' und Trank ist die Bewegung für unser Wohlbefinden entscheiden**d**. Laufen**d** umrunden wir währen**d** unseres Lebens im Durchschnitt viermal die Erde! Ra**d**fahren, Fußballspielen und andere Sportarten sind zudem ein gutes Mittel gegen den täglichen Stress, der uns durch Schule und Arbei**t** bescher**t** wird, denn beim Sport werden Stoffe im Körper freigesetz**t**, die uns gu**t**tun. Wir fühlen uns elastisch, frisch, munter und jugen**d**lich.
Nicht nur beim Sport ist es sinnvoll, wenn man seinen Körper kenn**t** und einschätzen kann. Neues auszuprobieren macht Spaß, und ein paar ungewohnte Herausforderungen kann man immer gebrauchen. Zum Beispiel einen Tag lang die Han**d** zu „tauschen". Das heißt, alles was wir mit rechts machen würden, wie zum Beispiel die Tür öffnen oder die Maus am Computer führen, mit links zu tun. Dabei wird einem deu**t**lich, wie eingefahren wir in unseren Bewegungen sind.
Aber nicht nur die körperliche Fitness ist ausschlaggeben**d** für unsere Gesun**d**heit! Wie man sich seelisch fühlt, ist ebenso bedeuten**d**. Hilfreich ist, wenn man sich re**d**lich um gute Freun**d**schaften bemüht und eine Familie hat, die einen unterstützt. Diese sozialen Beziehungen können uns wirklich wohltun, obwohl sie auch manchmal belasten**d** sind, zum Beispiel bei Strei**t** oder wenn wir uns unverstanden fühlen. Deshalb ist im Umgang mit anderen das gegenseitige Verstän**d**nis no**t**wendig. Bei 16.000 Wörtern, die wir durchschni**tt**lich pro Tag sprechen, sind Nachfragen schon mit inbegriffen. Wenn man versteht, *warum* ein anderer etwas tut, ist es manchmal schon gar nicht mehr so befrem**d**lich.
Letzten**d**lich ist wichtig, dass man sich wohlfühlt in dem, wie man ist, und mit dem, was man tut!

Übungen zur Auslautableitung g-k

Name:

Ableitung mit g üben

Das „**g**“ wird vor **Konsonanten** und am **Wortende** wie /**k**/ gesprochen.
Bei vielen Wörtern kannst du durch Ableitung die richtige Schreibung herausfinden.
Suche einen Wortverwandten, bei dem der Laut am **Anfang der Silbe** steht.

Finde mindestens einen Verwandten aus der Wortfamilie,
bei dem g weich gesprochen wird.

Wörter mit „hartem“ g-Laut	Wörter mit „weichem“ g-Laut
unüberlegt	
fraglos	
kläglich	
du überfliegst	
Schlagwort	
eingefügt	
Klugheit	
sorgfältig	
geeignet	
geplagt	
versagt	
festgelegt	
schweigsam	
Schrägschrift	
einprägsam	
Erfolg	
Tagträumerei	
vorzeigbar	
verpflegt	
wenigstens	
Kriegsbeil	

Name:

Die Endungen -ig und -lich

ig oder lich?

Die Endung „ig“ wird oft /ik/ oder /ich/ gesprochen.
Um die richtige Schreibung herauszufinden, verlängerst du die Wörter so, dass nach „ig“ ein *Vokal* folgt, denn dann spricht man normalerweise /g/.

witzi**g**: ein witzi**g**es Ereignis

kräfti__: ____________

geizi__: ____________

knochi__: ____________

süchti__: ____________

elendi__: ____________

Falls es mit der richtigen Aussprache nicht klappt, merke dir Folgendes:
Mit „ch“ wird nur die Endung „lich“ geschrieben.
Trenne den Wortstamm von der Endung „lich“ ab.

zeitlich:	zeit – lich	königlich:	____________
väterlich:	____________	ländlich:	____________
grünlich:	____________	stündlich:	____________
kleinlich:	____________	menschlich:	____________
rechtlich:	____________	hässlich:	____________

Vorsicht: Gehört das „l“ zum *Wortstamm* und nicht zur Endung, ist „*ig*“ richtig.
Trenne in Wortstamm und „ig“ und setze den richtigen Buchstaben ein.

eili**g**:	eil- und ig	wackeli__:	____________
rückfälli__:	____________	ekeli__:	____________
ehemali__:	____________	zweiteili__:	____________
kurzärmeli_:	____________	zappeli__:	____________
stoppeli__:	____________	hügeli_:	____________

Name:

Die Endungen -ig und -lich

ig oder lich?

**Die Endung „ig“ wird oft /ik/ oder /ich/ gesprochen.
Um die richtige Schreibung herauszufinden, verlängerst du die Wörter so, dass nach „ig“ ein *Vokal* folgt, denn dann spricht man normalerweise /g/.**

einäugi**g**: ein einäugiger Riese

engstirni__: ____________________

endgülti__: ____________________

verdächti__: ____________________

bauchi__: ____________________

klebri__: ____________________

**Falls es mit der richtigen Aussprache nicht klappt, merke dir Folgendes:
Mit „ch“ wird nur die Endung „lich“ geschrieben.
Trenne den Wortstamm von der Endung „lich“ ab.**

monatlich:	monat – lich	gesetzlich:	____________
wahrscheinlich:	____________	feindlich:	____________
schädlich:	____________	schließlich:	____________
kirchlich:	____________	üblich:	____________
mündlich:	____________	freundlich:	____________

**Vorsicht: Gehört das „l“ zum *Wortstamm* und nicht zur Endung, ist „*ig*“ richtig.
Trenne in Wortstamm und „ig“ und setze den richtigen Buchstaben ein.**

kippeli**g**:	kippel- und ig	ehemali__:	____________
widerwilli__:	____________	voreili__:	____________
schwerfälli__:	____________	bröckeli__:	____________
unzähli_:	____________	welli__:	____________
mehli__:	____________	gruseli_:	____________

Name:

gk: Die Endungen -ig und -lich

ig oder lich?

Die Endung „ig“ wird oft /ik/ oder /ich/ gesprochen.
Um die richtige Schreibung herauszufinden, verlängerst du die Wörter so, dass nach „ig“ ein *Vokal* folgt, denn dann spricht man normalerweise /g/.

dickköpfi**g**: ein dickköpfi**g**es Kind

begriffsstutzi__: ______

stritti__: ______

selbstständi__: ______

kaltblüti__: ______

wehrpflichti__: ______

Falls es mit der richtigen Aussprache nicht klappt, merke dir Folgendes:
Mit „ch“ wird nur die Endung „lich“ geschrieben.
Trenne den Wortstamm von der Endung „lich“ ab.

lebenslänglich: lebensläng – lich

bequemlich: ______

scheußlich: ______

lediglich: ______

oberflächlich: ______

kleinbürgerlich: ______

genüsslich: ______

bedrohlich: ______

verantwortlich: ______

ähnlich: ______

Vorsicht: Gehört das „l“ zum *Wortstamm* und nicht zur Endung, ist „*ig*“ richtig.
Trenne in Wortstamm und „ig“ und setze den richtigen Buchstaben ein.

gleichschenkeli**g**: gleichschenkel- und ig

rührseli__: ______

untadeli__: ______

dickschali__: ______

pickeli__: ______

kostspieli__: ______

dickfelli__: ______

selbstgefälli__: ______

rechtwinkeli__: ______

schimmeli_: ______

Name:

ng und nk

Zwei Besonderheiten: **ng** und **nk**

ng und **nk** kann man am Wort**ende** oder vor einem **Vokal** gut unterscheiden:
la**ng**, aber Schra**nk**;
Schla**ng**e, aber Schra**nk**e

Folgt ihnen jedoch ein Konsonant, klingt **ng** *genauso* wie **nk**:
Er si**ng**t ein Lied.
Das Schiff si**nk**t.

Was muss in die Lücken: ng und nk?

Denglisch – unsere Sprache von morgen?
Immer wieder wird kritisiert, dass zu viele e___lische Wörter Einga___ in die deutsche Sprache finden. Wie selbstverständlich werden Wörter wie Skati___, Skateboardi___ oder Marketi___ benutzt. Gerade im Ba___enwesen, in Wirtschaft, Wissenschaft und Technologie werden weniger deutsche Wörter benutzt, um eine internationale Verständigu___ zu ermöglichen. Der allgemeine Zeitu___sleser versteht meist wenig von dem, was im Wirtschaftsteil seiner Tageszeitu___ geschrieben steht. Manchmal könnte man den Eindruck gewinnen, dass geradezu darum gewetteifert wird, wer es schafft, die meisten e___lischen Wörter in einem Satz unterzubri___en.
Allerdi___s betrifft dies auch die Bereiche des Alltags. So werden in der Werbu___ häufig Begriffe verwendet, die nicht allen Menschen verständlich sind. Umfragen haben gezeigt, dass viele Verbraucher nicht einmal annähernd den Sinn hinter diesen Sprüchen verstehen. Aber warum werden solche Wörter dann benutzt? Eigentlich sollte man doch de___en, dass Werbung von allen verstanden werden möchte.
In Fra___reich wurden eigens Gesetze zur Vermeidu___ von e___lischen Wörtern in der Werbu___ geschaffen. Generell versucht der französische Staat durch Zwa___ den Gebrauch fremder Sprachen in der Öffentlichkeit zurückzudrängen, um das Französische zu stärken. So dürfen etwa Aushä___e in öffentlichen Verkehrsmitteln nur auf Französisch geschrieben sein, nicht wie bei uns in verschiedenen Sprachen. Aber warum ba___t ein Staat so um die Stellung seiner Sprache? Erkra___t unsere Sprache oder ist sie gar vom Aussterben bedroht, wenn wir e___lische Wörter benutzen?

Unterstreiche die Wörter, bei denen ng wie nk klingt.
Notiere ihre Verwandten, die dir bei der Schreibung helfen.

Name:

ng und nk

Zwei Besonderheiten: **ng** und **nk**

ng und **nk** kann man am Wort**ende** oder vor einem **Vokal** gut unterscheiden:
la**ng**, aber Schra**nk**;
Schla**ng**e, aber Schra**nk**e

Folgt ihnen jedoch ein Konsonant, klingt „ng" genauso wie „nk":
Er si**ng**t ein Lied.
Das Schiff si**nk**t.

1. **Was muss in die Lücken: ng und nk?**
2. **Unterstreiche die Wörter, bei denen ng wie nk klingt.**
3. **Überlege dir Verwandte, die dir bei der Schreibung helfen.**

Denglisch – unsere Sprache von morgen?
Swimmi___pool, Aquaplani___, Backpacki___, chillen, Software, Computer – das sind alles Wörter, die ursprü___lich nicht aus der deutschen Sprache kommen, sondern die aus dem E___lischen übernommen wurden. Man spricht hier von A___lizismen. Uns ist häufig gar nicht mehr bewusst, wie viele Wörter das sind. Wir benutzen sie im Alltag, ohne darüber nachzude___en.
In anderen Sprachen wird versucht, dieses Phänomen zu beschrä___en. So gibt es etwa in Frankreich die „Académie française", die neue französische Wörter erfindet, damit nicht zu viele Fremdwörter in die Sprache eindri___en können. Das kann sogar dazu führen, dass Geldstrafen verhä___t werden, wenn etwa Firmen in der Werbu___ e___lische Wörter benutzen, für die es eine französische Entsprechu___ gibt. Eine derartige zwa___sgeführte Le___ung in Bezug auf den Wortschatz ist in Deutschland nur schwer vorstellbar.
Beide Auffassu___en zur Nutzu___ von e___lischen Fremdwörtern stoßen immer wieder auf Kritik. So wird an der deutschen Sprache kritisiert, dass zu viele A___lizismen benutzt werden würden, obwohl es treffende deutsche Wörter gäbe. Andererseits wiederum wird das Französische gerügt, dass es sich den anderen Sprachen verschließe und dass die neu geschaffenen Wörter wesentlich lä___er und umständlicher als die englischen Äquivalente seien. Dies würde auch dazu führen, dass zwar einige französische Neuschöpfu___en von den Sprechern benutzt werden, andere aber nur eine Idee der Akademie blieben und nie Einga___ in die Alltagssprache fänden. Bei der französischen Sprachpolitik wird auch von Sprachpurismus geredet, da sie das Wortgut von fremdsprachlichen Elementen reinigt. Fraglich ist, was denn nun sinnvoller ist?

Name:

ng und nk

Zwei Besonderheiten: **ng** und **nk**

ng und **nk** kann man am Wort**ende** oder vor einem **Vokal** gut unterscheiden:
la**ng**, aber Schra**nk**;
Schla**ng**e, aber Schra**nk**e

Folgt ihnen jedoch ein Konsonant, klingt „ng“ genauso wie „nk“:
Er si**ng**t ein Lied.
Das Schiff si**nk**t.

1. **Was muss in die Lücken: ng und nk?**
2. **Unterstreiche die Wörter, bei denen ng wie nk klingt.**
3. **Überlege dir Verwandte, die dir bei der Schreibung helfen.**

Denglisch – unsere Sprache von morgen?

In unserer globalen Welt und mit fortschreitender Technologie finden immer mehr Wörter aus der englischen Sprache Zuga___ in die deutsche Sprache. Wir neigen dazu, alle diese Wörter aufzunehmen, ohne nach Entsprechu___en im eigenen Wortschatz zu suchen.

Dies beschrä___t sich aber nicht nur auf spezielle Bereiche, sondern findet auch Ausdehnu___ auf das alltägliche Leben. So schlafen viele im Urlaub auf einem Campi__-Platz. Wenn dieser günstig an einem großen Fluss gelegen ist, bietet sich vielleicht sogar die Gelegenheit zu einer Rafti___-Tour. Unsere E-Mails checken wir in unserem E-Mail-Account. In unserer Freizeit hören wir Pu___, Jazz, Swi___ oder Fu___, tri___en abends mit Freunden einen Dri___ in einer Bar und schauen uns den neuesten Blockbuster im Kino an oder zuhause auf DVD. Aber warum benutzen wir diese Wörter, wenn wir auch auf einem Zeltplatz übernachten könnten? Wir könnten mit einem Wildwasserboot auf einem Fluss fahren. Was macht es für uns so attraktiv, fremdsprachige Wörter zu benutzen?

Ma___elt es unserer Sprache etwa an Möglichkeiten, selbst Begriffe für neue Produkte zu erfinden? Oder ist es in unserer Welt heute einfacher, Begriffe zu entlehnen? Hä___t das Überleben unserer Sprache davon ab, ob wir uns eigene Begriffe schaffen? Oder trifft der e___lischsprachige Ausdruck einfach den Pu___t, so dass er unsere Sprache bereichert? Wie wäre es mit einer Übersetzu___ des Airbags in „Luftsack“ oder in „aufblasender Sicherheitssack“? Den Menschen erscheint es offenbar sinnvoller, kurze fremdsprachige Wörter zu benutzen, die in der Übersetzung zu einer unnötigen Verlängeru___ des Ausdrucks führen. Und vermutlich haben wir uns lä___st daran gewöhnt, Begriffe aus anderen Sprachen zu übernehmen. Außerdem beginnt der E___lischunterricht bereits immer früher, so dass es zur Selbstverständlichkeit wird, diese Sprache zu beherrschen. Je besser uns die Bedeutu___ der Wörter bekannt ist, desto eher sind wir vielleicht auch bereit, sie zu benutzen.

Name:

Merkwörter mit g

Ein paar Wörter mit „g“ kann man nicht sinnvoll umformen.
Merke sie dir auswendig.

die An**g**st
der Honi**g**
der Hen**g**st
das Pfin**g**sten
bege**g**nen
leu**g**nen
(sich) erei**g**nen

der Smara**g**d
die Ma**g**d
der Vo**g**t
das Do**g**ma
das Sti**g**ma
das Paradi**g**ma

Lerntipps:

1. Lies die Merkwörter durch und versuche sie dir zu merken.
2. Wörter, deren Bedeutung dir nicht bekannt ist, schlägst du im Wörterbuch nach.
3. Decke die Merkwörter ab und schreibe sie auswendig auf.
4. Kontrolliere, ob du richtig geschrieben hast.
5. Versuche sie am nächsten Tag noch einmal auswendig aufzuschreiben.
6. Schreibe mit jedem Merkwort einen Satz in dein Heft.
7. Schneide dir kleine Zettel aus, die in eine Streichholzschachtel passen.
   - Schreibe die Merkwörter auf die Zettel und hebe diese in der Schachtel auf.
   - Beschrifte die Schachtel mit „Merkwörter mit **g**“.
   - Nimm die Schachtel für eine Weile überallhin mit und wiederhole die Wörter immer wieder.
   - Versuche, die Merkwörter *auswendig* aufzusagen, bis du dies dreimal hintereinander schaffst.

Name:

Merkwörter mit k

Lerne auch die Wörter mit „k“ auswendig, die sich nicht ableiten lassen, aber erst, wenn du die Wörter mit „g“ sicher gespeichert hast.

Merke dir: Fremdwörter, in denen du /kt/ hörst, werden immer mit „k“ geschrieben!

der Quar**k**
der Tra**k**tor
der Mar**kt**
der Ke**k**s
der O**k**tober
der Pun**kt**
das Pi**k**
schla**k**sig
sta**k**sen
pi**k**sen

das Di**k**tat
der Dire**k**tor
das Produ**kt**
der Instin**kt**
der Diale**kt**
das Proje**kt**
der Dete**k**tiv
der Konfli**kt**
pra**k**tisch

Lerntipps:

1. Lies die Merkwörter durch und versuche sie dir zu merken.
2. Wörter, deren Bedeutung dir nicht bekannt ist, schlägst du im Wörterbuch nach.
3. Decke die Merkwörter ab und schreibe sie auswendig auf.
4. Kontrolliere, ob du richtig geschrieben hast.
5. Versuche sie am nächsten Tag noch einmal auswendig aufzuschreiben.
6. Schreibe mit jedem Merkwort einen Satz in dein Heft.
7. Schneide dir kleine Zettel aus, die in eine Streichholzschachtel passen.
   - Schreibe die Merkwörter auf die Zettel und hebe diese in der Schachtel auf.
   - Beschrifte die Schachtel mit „Merkwörter mit **k**“.
   - Nimm die Schachtel für eine Weile überallhin mit und wiederhole die Wörter immer wieder.
   - Versuche, die Merkwörter *auswendig* aufzusagen, bis du dies dreimal hintereinander schaffst.

Name:

Entscheidung fällen zwischen g und k (inkl. Merkwörter)

Wende die gelernten Regeln an und entscheide dich für g oder k.
Achtung: Es kommen auch Merkwörter vor.

Die Klassenfahrt ins Nachbarland – Wahrheit oder Vorurteil?

An__st und ban__e wird es so manchem deutschen Schüler, wenn er daran den__t, nach Fran__reich fahren zu müssen. Meistens brin__t man ihn in einer Gastfamilie unter, die ihn mit einer Unmen__e von Wan__enküssen empfän__t. Das Essen besteht aus fünf Gän__en, als Hauptspeise werden Froschschen__el gereicht, der Rotwein wird ebenfalls eingeschen__t. Da es den Franzosen in der Regel an Fremdsprachenkenntnissen man__elt, ist der deutsche Schüler gezwun__en, Französisch zu sprechen. Allerdin__s sprechen seine Gastgeber so schnell, dass er sie kaum verstehen kann, es klin__t in seinen Ohren wie Kauderwelsch. Zei__t man ihm nach dem Essen seinen Schlafplatz, fän__t er bereits in Gedan__en an, die Decken zu bezwin__en. Er findet nicht das gewohnte Federbett vor, sondern mehrere Wolldecken, deren verschiedene Schichten er erst durchdrin__en muss, um schlafen zu können.

Ta__s drauf in der Schule erwarten ihn eventuell ganz neue Sitten: Er muss die Schulban__ den ganzen Ta__ drücken, vom frühen Morgen bis zum späten Nachmitta__. Nur am Mittwoch hat er nachmitta__s frei.

Anders als für den deutschen Schüler ist es für den französischen unden__bar, zu spät zu kommen. Unpün__tliche Schüler werden von einem Finsterlin__ am Schuleingan__ aufgehalten, der ihre Namen in ein großes Buch einträ__t. Auch die Schulstunden sind län__er. Politi__ und Religion stehen nicht auf dem Lehrplan.

Im Straßenverkehr ist unbedin__t zu beachten, dass Franzosen Verkehrsregeln nicht so ganz ernst nehmen, sie fahren gerne auch bei Rot. Wenn man nicht mit einem gebrochenen Bein im Kran__enhaus landen möchte, sollte man höllisch aufpassen. Auch Fußgän__er nutzen jede Ampel, ob rot oder grün, um die Straße zu überqueren.

Name:

Entscheidung fällen zwischen g und k (inkl. Merkwörter)

Wende die gelernten Regeln an und entscheide dich für g oder k.
Achtung: Es kommen auch Merkwörter vor.

Zu Besuch bei den Nachbarn – Wahrheit oder Vorurteil?

Kündi__t der Lehrer im Französischunterricht an, dass bald eine Klassenfahrt, ein einwöchiger Schüleraustausch, nach Fran__reich ansteht, gerät der deutsche Schüler erst einmal in Pani__. Denn schließlich bedeutet dies, ins Land des ehemaligen „Erbfeindes" zu fahren, wo das Leben in ungeregelten Bahnen, gänzlich anders als bei uns, verläuft. Die Franzosen sind ein recht arrogantes Vol__, das stolz auf seine eigene Sprache und sein Land ist, und wenn man nicht genu__ französisch sprechen kann, ist man verloren. Grundsätzlich sprechen sie nämlich nur ihre eigene Sprache, die viel schöner klin__t als alle anderen Sprachen der Welt zusammen. Ihren Gewohnheiten muss man sich anpassen, z.B. beginnt der Ta__ mit einem Croissant, eingetun__t in den Kaffee.

Überhaupt wird der Allta__ vom Essen bestimmt. Der Franzose isst immer Baguette, das er in seiner Lieblin__sbäckerei kauft und es unter den Arm geklemmt nach Hause trä__t, wo er im Kühlschran__ große Käsevorräte bun__ert. Dazu gibt es Rotwein verschiedenster Sorten. Auf dem Teller fehlen dürfen auch niemals Froschschen__el und Meeresfrüchte.

Der Franzose verbrin__t also pra__tisch einen Großteil seines Tages zu Tisch. Man mag den__en, dass der Rest des Lebens schneller verläuft, jedoch weit gefehlt. Man pfle__t generell ein gemütliches Leben, die Uhr ti__t (!) ein bisschen lan__samer. He__tisch noch einige Besorgun__en im Supermar__t zu machen, ist keine gute Idee, da dieses Unternehmen spätestens an der Kasse zum Scheitern verurteilt ist: Wer drän__elt, fällt unangenehm auf und wird gerü__t.

In der Schule läuft alles anders bei uns. Ist der Franzose sonst noch so unpün__tlich, ist in der Schule die Pün__tlichkeit sehr wichti__. Wer zu spät kommt, erhält einen Eintra__. Geschieht dies dauerhaft, flie__t man irgendwann von der Schule. Das ist aber nicht so tragisch, denn es findet sich doch eine andere Lehranstalt, die einen aufnimmt.

Die Straßenverkehrsordnun__ in Fran__reich ist eher ein Angebot und eine Empfehlun__ als ein Gesetz. Niemand hält sich an die Regeln, bei Rot passiert alles die Straße.

Name:

Entscheidung fällen zwischen g und k (inkl. Merkwörter)

Wende die gelernten Regeln an und entscheide dich für g oder k.
Achtung: Es kommen auch Merkwörter vor.

Die Klassenfahrt ins Nachbarland – Wahrheit oder Vorurteil?
Der Aufenthalt für einen deutschen Schüler in Fran__reich ist immer mit einer großen Vorbereitun__ verbunden. Auch wenn die beiden Länder dire__te Nachbarn sind, ist der kulturelle Unterschied riesi__, so dass man wissen muss, was einen erwartet.
In Fran__reich verläuft das Leben lan__samer. Das beginnt beim Einkauf im Supermar__t, beim Warten an der Bushaltestelle oder am Ban__automaten. Die Menschen drän__eln nicht, sondern lassen sich Zeit, manchmal viel zu lan__e. He__tisch werden lohnt sich gar nicht, da niemand dies bemer__t oder es einfach schlichtwe__ ignoriert.
Zur Begrüßun__ pfle__t man sich zu küssen, lin__s und rechts auf die Wange, dabei kann dies zwischen zwei und vier Küssen variieren und man weiß auch nie, auf welcher Seite man anfän__t. Vermieden werden sollte der in Deutschland übliche Handschla__, es sei denn in formellen Situationen.
Bei der Bege__nung mit der Gastfamilie entstehen die nächsten Probleme: Während der Unterhaltun__ entde___t (!) man die man__elhafte en__lische Aussprache: Lieblin__sfilme, Schauspieler und Musi__richtungen werden pra__tisch durchgän__i__ falsch artikuliert – und das zumeist trotz besseren Wissens.
Das Essen in Fran__reich ist sehr gewöhnun__sbedürfti__, grundsätzlich gibt es zum Frühstü___ (!) nur Croissants, die in eine große Schale Kaffee oder Kakao getun__t werden. Mitta__s isst der Franzose selten warm, vielleicht ein bisschen Baguette, aber am Abend gibt es Unmen__en an Essen mit mehreren Gän__en. Dazu trin__t man sehr viel Rotwein.
Generell sind die Franzosen ein patriotisches Völ__chen; es wird Wert darauf gele__t, dass der Ausländer ihre Sprache spricht. Auch machen sie mer__würdigerweise meist in ihrem eigenen Land Urlaub. Besonders gern übernachten sie auf Campin__plätzen am Mittelmeer oder am Atlanti__. Allenfalls bewe__t man sich noch in südlichere Gefilde, da es nördlich des eigenen Landes selbst im Sommer nur Schnee und Eis gibt, so weni__stens der Irrglaube.

Name:

Entscheidung fällen zwischen g, k und ch (Vertiefen)

Was gehört in die Lücken: g, k oder ch?
Achtung: Auch Merkwörter kommen vor!

Gus Van Sant: Elephant

Der amerikanische Filmregisseur Gus Van Sant greift in seinem Film *Elephant* ein Thema auf, das nicht län__er nur in amerikanischen Schulen ein Problem ist, sondern auch bei uns immer a__tueller wird. Wir__lich aufmer__sam geworden sind wir allerdin__s erst, als am 26. April 2002 in einem Erfurter Gymnasium ein Amo__lauf geschah. Wer oder was ist dafür verantwortli__ zu machen? Dies wird immer wieder in der Politi__ und den Medien gefra__t, wenn es gilt, einen Schuldigen für die Gewalt an Schulen zu finden. Ist sie ein Produ__t man__elnder Erziehun__, ist es das Umfeld, sind es die Computerspiele? Lässt sich so einfach eine Lösun__ finden, wie viele meinen? Ist es nicht ein weni__ zu kurz gedacht zu glauben, dass eine Erklärun__ so offen auf der Hand lie__t? Leu__nen lässt es sich sicherli__ nicht, dass es sich irgendwie um eine in unserer modernen Gesellschaft veran__erte Ursache handeln muss.

Gus Van Sant rekonstruiert die Erei__nisse des Amo__laufs in der Columbine Highschool nahe Littleton, die im Jahre 1999 alle Welt in An__st und Schrecken versetzten. In seinem Spielfilm geht es nicht um eine Schuldzuweisun__, er versucht vielmehr Chara__tere zu zeichnen, den Opfern und Tätern ein Gesicht zu geben. Die Handlun__ spielt, abgesehen von wenigen Rü___blenden (!), an einem einzigen Ta__ in einer Highschool irgendwo in Portland, Oregon. Der Regisseur verfol__t in lan__samen Kamerafahrten den Ta__ eines jeden Schülers, so dass sich die einzelnen Handlun__ssträn__e kreuzen, jedoch die Geschehnisse aus den verschiedenen Perspe__tiven dargestellt werden.

In der ersten Filmszene wird die Verantwortun__ für das weitere Geschehen in die Hände der Jugendlichen gele__t: John, der von seinem Vater abgeholt wird, entscheidet sich, an Stelle seines betrun__enen Vaters selbst zu fahren. Von dem Moment an haben die Erwachsenen keinerlei Einfluss mehr auf die Erei__nisse. Früh wird deutli__, dass zwei Schüler – Eric und Alex – einen so genanntes „High-School-Shootin__“ planen. John, der als einziger die Gefahr bemer__t, kann nicht viel ausrichten. Auch hier setzt sich die Art der Kameraführun__ fort, lan__same, den einzelnen Schüler verfolgende Sequenzen. Mit seinem Film aus dem Jahr 2003 zeichnet Gus Van Sant ein Portrait der Jugendlichen in unserer Gesellschaft, ohne dass er dabei den Zeigefin__er erhebt oder ankla__t.

Lösungen zur Auslautableitung g-k

Ableitung mit g üben

Hinweis für den Lehrenden:
In dieser und den folgenden Übungen wird die Ableitung g-k mit einigen Sonderfällen thematisiert.

Finde mindestens einen Verwandten aus der Wortfamilie, bei dem „g" weich gesprochen wird.

Wörter mit „hartem" g-Laut	Wörter mit „weichem" g-Laut
unüberlegt	überle-**g**en
fraglos	fra-**g**en, Fra-**g**e
kläglich	kla-**g**en, Kla-**g**e
du überfliegst	flie-**g**en, überflie-**g**en
Schlagwort	schla-**g**en
eingefügt	einfü-**g**en
Klugheit	klu-**g**e, klü-**g**er
Sorgfältig	sor-**g**en, Sor-**g**e
geeignet	ei-**g**en, Ei-**g**enheit
geplagt	pla-**g**en
versagt	versa-**g**en
festgelegt	festle-**g**en
schweigsam	schwei-**g**en
Schrägschrift	schrä-**g**er
einprägsam	einprä-**g**en
Erfolg	Erfol-**g**e
Tagträumerei	Ta-**g**e
vorzeigbar	zei-**g**en, vorzei-**g**en
verpflegt	verpfle-**g**en
wenigstens	weni-**g**e
Kriegsbeil	Krie-**g**e

Die Endungen -ig und -lich

ig oder lich?

Die Endung „ig" wird oft /ik/ oder /ich/ gesprochen.
Um die richtige Schreibung herauszufinden, verlängerst du die Wörter so, dass nach „ig" ein *Vokal* folgt, denn dann spricht man normalerweise /g/.

witzi**g**:	ein witzi**g**es Ereignis
kräfti**g**:	ein kräfti**g**er Junge
geizi**g**:	der geizi**g**e Opa
knochi**g**:	das knochi**g**e Mädchen
süchti**g**:	ein süchti**g**er Mann
elendi**g**:	eine elendi**g**e Quälerei

Falls es mit der richtigen Aussprache nicht klappt, merke dir Folgendes:
Mit „ch" wird nur die Endung „lich" geschrieben.
Trenne den Wortstamm von der Endung „lich" ab.

zeitlich:	zeit – lich	königlich:	könig – lich
väterlich:	väter – lich	ländlich:	länd – lich
grünlich:	grün – lich	stündlich:	stünd – lich
kleinlich:	klein – lich	menschlich:	mensch – lich
rechtlich:	recht – lich	hässlich:	häss – lich

Vorsicht: Gehört das „l" zum *Wortstamm* und nicht zur Endung, ist „*ig*" richtig.
Trenne in Wortstamm und „ig" und setze den richtigen Buchstaben ein.

eili**g**:	eil- und ig	wackeli**g**:	wackel- und ig
rückfälli**g**:	rückfäll- und ig	ekeli**g**:	ekel- und ig
ehemali**g**:	ehemal- und ig	zweiteili**g**:	zweiteil- und ig
kurzärmeli**g**:	kurzärmel- und ig	zappeli**g**:	zappel- und ig
stoppeli**g**:	stoppel- und ig	hügeli**g**:	hügel- und ig

Die Endungen -ig und -lich

ig oder lich?

Die Endung „ig" wird oft /ik/ oder /ich/ gesprochen.
Um die richtige Schreibung herauszufinden, verlängerst du die Wörter so, dass nach „ig" ein *Vokal* folgt, denn dann spricht man normalerweise /g/.

einäugi**g**:	ein einäugi**g**er Riese
engstirni**g**:	der engstirni**g**e Lehrer
endgülti**g**:	ein endgülti**g**es Urteil
verdächti**g**:	der verdächti**g**e Mann
bauchi**g**:	eine bauchi**g**e Vase
klebri**g**:	ein klebri**g**er Plätzchenteig

Falls es mit der richtigen Aussprache nicht klappt, merke dir Folgendes:
Mit „ch" wird nur die Endung „lich" geschrieben.
Trenne den Wortstamm von der Endung „lich" ab.

monatlich:	monat – lich	gesetzlich:	gesetz – lich
wahrscheinlich:	wahrschein – lich	feindlich:	feind – lich
schädlich:	schäd – lich	schließlich:	schließ – lich
kirchlich:	kirch – lich	üblich:	üb – lich
mündlich:	münd – lich	freundlich:	freund – lich

Vorsicht: Gehört das „l" zum *Wortstamm* und nicht zur Endung, ist „*ig*" richtig.
Trenne in Wortstamm und „ig" und setze den richtigen Buchstaben ein.

kippeli**g**:	kippel- und ig	ehemali**g**:	ehemal- und ig
widerwilli**g**:	widerwill- und ig	voreili**g**:	voreil- und ig
schwerfälli**g**:	schwerfäll- und ig	bröckli**g**:	bröckl- und ig
unzähli**g**:	unzähl- und ig	welli**g**:	well- und ig
mehli**g**:	mehl- und ig	gruseli**g**:	grusel- und ig

gk: Die Endungen -ig und -lich

ig oder lich?

Die Endung „ig" wird oft /ik/ oder /ich/ gesprochen.
Um die richtige Schreibung herauszufinden, verlängerst du die Wörter so, dass nach „ig" ein *Vokal* folgt, denn dann spricht man normalerweise /g/.

dickköpfi**g**:	ein dickköpfi**g**es Kind
begriffsstutzi**g**:	ein begriffsstutzi**g**er Mensch
strittı**g**:	ein stritti**g**es Urteil
selbstständi**g**:	eine selbstständi**g**e Frau
kaltblüti**g**:	ein kaltblüti**g**er Mord
wehrpflichti**g**:	der wehrpflichti**g**e Mann

Falls es mit der richtigen Aussprache nicht klappt, merke dir Folgendes:
Mit „ch" wird nur die Endung „lich" geschrieben.
Trenne den Wortstamm von der Endung „lich" ab.

lebenslänglich:	lebensläng – lich	kleinbürgerlich:	kleinbürger – lich
bequemlich:	bequem – lich	genüsslich:	genüss – lich
scheußlich:	scheuß – lich	bedrohlich:	bedroh – lich
lediglich:	ledig – lich	verantwortlich:	verantwort – lich
oberflächlich:	oberfläch – lich	ähnlich:	ähn – lich

Vorsicht: Gehört das „l" zum *Wortstamm* und nicht zur Endung, ist *„ig"* richtig.
Trenne in Wortstamm und „ig" und setze den richtigen Buchstaben ein.

gleichschenkeli**g**:	gleichschenkel- und ig	kostspieli**g**:	kostspiel- und ig
rührseli**g**:	rührsel- und ig	dickfelli**g**:	dickfell- und ig
untadeli**g**:	untadel- und ig	selbstgefälli**g**:	selbstgefäll- und ig
dickschali**g**:	dickschal- und ig	rechtwinkeli**g**:	rechtwinkel- und ig
pickeli**g**:	pickel- und ig	schimmeli**g**:	schimmel- und ig

ng und nk

Hinweis für den Lehrenden:
„ng" ist eine nasale Lauteinheit und darf am Wort*ende nicht* /n-g/ oder /n-k/ gesprochen werden!
In der *Mitte* eines Wortes klingt ganz leicht ein /g/ an, trotzdem steht /ng/ auch hier in großem Gegensatz zu /nk/, bei dem der k-Laut deutlich zu hören ist, vgl. /Anker/ und /Schlange/.
„nk" ist faktisch als phonetische Formel zu sehen: nk = ng + k (so entstehen Fehler wie *Schrangk).
Vor Konsonanten allerdings wird „ng" ebenfalls /nk/ gesprochen. Der Unterschied ist nicht mehr hörbar und die Schreibung muss durch den Satzkontext und mithilfe von Wortverwandten herausgefunden werden: Er singt ein Lied (singen); das Schiff sinkt (sinken).

Was muss in die Lücken: ng und nk?

Denglisch – unsere Sprache von morgen?

Immer wieder wird kritisiert, dass zu viele englische Wörter Eingang in die deutsche Sprache finden. Wie selbstverständlich werden Wörter wie Skating, Skateboarding oder Marketing benutzt. Gerade im Bankenwesen, in Wirtschaft, Wissenschaft und Technologie werden weniger deutsche Wörter benutzt, um eine internationale Verständigung zu ermöglichen. Der allgemeine Zeitungsleser versteht meist wenig von dem, was im Wirtschaftsteil seiner Tageszeitung geschrieben steht. Manchmal könnte man den Eindruck gewinnen, dass geradezu darum gewetteifert wird, wer es schafft, die meisten englischen Wörter in einem Satz unterzubringen.

Allerdings betrifft dies auch die Bereiche des Alltags. So werden in der Werbung häufig Begriffe verwendet, die nicht allen Menschen verständlich sind. Umfragen haben gezeigt, dass viele Verbraucher nicht einmal annähernd den Sinn hinter diesen Sprüchen verstehen. Aber warum werden solche Wörter dann benutzt? Eigentlich sollte man doch denken, dass Werbung von allen verstanden werden möchte. In Frankreich wurden eigens Gesetze zur Vermeidung von englischen Wörtern in der Werbung geschaffen. Generell versucht der französische Staat durch Zwang den Gebrauch fremder Sprachen in der Öffentlichkeit zurückzudrängen, um das Französische zu stärken. So dürfen etwa Aushänge in öffentlichen Verkehrsmitteln nur auf Französisch geschrieben sein, nicht wie bei uns in verschiedenen Sprachen. Aber warum bangt ein Staat so um die Stellung seiner Sprache? Erkrankt unsere Sprache oder ist sie gar vom Aussterben bedroht, wenn wir englische Wörter benutzen?

Unterstreiche die Wörter, bei denen ng wie nk klingt.
Notiere ihre Verwandten, die dir bei der Schreibung helfen.

Zeitungsleser – Zeitung

allerdings – Ding

bangt – bangen

ng und nk

Hinweis für den Lehrenden:
„ng" ist eine nasale Lauteinheit und darf am Wort*ende nicht* /n-g/ oder /n-k/ gesprochen werden!
In der *Mitte* eines Wortes klingt ganz leicht ein /g/ an, trotzdem steht /ng/ auch hier in großem Gegensatz zu /nk/, bei dem der k-Laut deutlich zu hören ist, vgl. /Anker/ und /Schlange/.
„nk" ist faktisch als phonetische Formel zu sehen: nk = ng + k (so entstehen Fehler wie *Schrangk).
Vor Konsonanten allerdings wird „ng" ebenfalls /nk/ gesprochen. Der Unterschied ist nicht mehr hörbar und die Schreibung muss durch den Satzkontext und mithilfe von Wortverwandten herausgefunden werden: Er singt ein Lied (singen); das Schiff sinkt (sinken).

Was muss in die Lücken: ng und nk?

Denglisch – unsere Sprache von morgen?

Swimmi**ng**pool, Aquaplani**ng**, Backpacki**ng**, chillen, Software, Computer – das sind alles Wörter, die ursprü**ng**lich nicht aus der deutschen Sprache kommen, sondern die aus dem E**ng**lischen übernommen wurden. Man spricht hier von A**ng**lizismen.
Uns ist häufig gar nicht mehr bewusst, wie viele Wörter das sind. Wir benutzen sie im Alltag, ohne darüber nachzude**nk**en. In anderen Sprachen wird versucht, dieses Phänomen zu beschrä**nk**en. So gibt es etwa in Frankreich die „Académie française", die neue französische Wörter erfindet, damit nicht zu viele Fremdwörter in die Sprache eindri**ng**en können. Das kann sogar dazu führen, dass Geldstrafen verhä**ng**t werden, wenn etwa Firmen in der Werbu**ng** e**ng**lische Wörter benutzen, für die es eine französische Entsprechu**ng** gibt. Eine derartige zwa**ng**sgeführte Le**nk**u**ng** in Bezug auf den Wortschatz ist in Deutschland nur schwer vorstellbar.
Beide Auffassu**ng**en zur Nutzu**ng** von e**ng**lischen Fremdwörtern stoßen immer wieder auf Kritik. So wird an der deutschen Sprache kritisiert, dass zu viele A**ng**lizismen benutzt werden würden, obwohl es treffende deutsche Wörter gäbe. Andererseits wiederum wird das Französische gerügt, dass es sich den anderen Sprachen verschließe und dass die neu geschaffenen Wörter wesentlich lä**ng**er und umständlicher als die englischen Äquivalente seien. Dies würde auch dazu führen, dass zwar einige französische Neuschöpfu**ng**en von den Sprechern benutzt werden, andere aber nur eine Idee der Akademie blieben und nie Ei**ng**a**ng** in die Alltagssprache fänden. Bei der französischen Sprachpolitik wird auch von Sprachpurismus geredet, da sie das Wortgut von fremdsprachlichen Elementen reinigt. Fraglich ist, was denn nun sinnvoller ist?

2. **Unterstreiche die Wörter, bei denen ng wie nk klingt.**
3. **Überlege dir Verwandte, die dir bei der Schreibung helfen.**

verhängt – verhängen
zwangsgeführte – Zwang

ng und nk

Hinweis für den Lehrenden:
„ng" ist eine nasale Lauteinheit und darf am Wort*ende nicht* /n-g/ oder /n-k/ gesprochen werden!
In der *Mitte* eines Wortes klingt ganz leicht ein /g/ an, trotzdem steht /ng/ auch hier in großem Gegensatz zu /nk/, bei dem der k-Laut deutlich zu hören ist, vgl. /Anker/ und /Schlange/.
„nk" ist faktisch als phonetische Formel zu sehen: nk = ng + k (so entstehen Fehler wie *Schrangk).
Vor Konsonanten allerdings wird „ng" ebenfalls /nk/ gesprochen. Der Unterschied ist nicht mehr hörbar und die Schreibung muss durch den Satzkontext und mithilfe von Wortverwandten herausgefunden werden: Er singt ein Lied (singen); das Schiff sinkt (sinken).

Was muss in die Lücken: ng und nk?

Denglisch – unsere Sprache von morgen?

In unserer globalen Welt und mit fortschreitender Technologie finden immer mehr Wörter aus der englischen Sprache Zugang in die deutsche Sprache. Wir neigen dazu, alle diese Wörter aufzunehmen, ohne nach Entsprechungen im eigenen Wortschatz zu suchen.

Dies beschränkt sich aber nicht nur auf spezielle Bereiche, sondern findet auch Ausdehnung auf das alltägliche Leben. So schlafen viele im Urlaub auf einem Camping-Platz. Wenn dieser günstig an einem großen Fluss gelegen ist, bietet sich vielleicht sogar die Gelegenheit zu einer Rafting-Tour. Unsere E-Mails checken wir in unserem E-Mail-Account. In unserer Freizeit hören wir Punk, Jazz, Swing oder Funk, trinken abends mit Freunden einen Drink in einer Bar und schauen uns den neuesten Blockbuster im Kino an oder zuhause auf DVD. Aber warum benutzen wir diese Wörter, wenn wir auch auf einem Zeltplatz übernachten könnten? Wir könnten mit einem Wildwasserboot auf einem Fluss fahren. Was macht es für uns so attraktiv, fremdsprachige Wörter zu benutzen?

Mangelt es unserer Sprache etwa an Möglichkeiten, selbst Begriffe für neue Produkte zu erfinden? Oder ist es in unserer Welt heute einfacher, Begriffe zu entlehnen? Hängt das Überleben unserer Sprache davon ab, ob wir uns eigene Begriffe schaffen? Oder trifft der englischsprachige Ausdruck einfach den Punkt, so dass er unsere Sprache bereichert? Wie wäre es mit einer Übersetzung des Airbags in „Luftsack" oder in „aufblasender Sicherheitssack"? Den Menschen erscheint es offenbar sinnvoller, kurze fremdsprachige Wörter zu benutzen, die in der Übersetzung zu einer unnötigen Verlängerung des Ausdrucks führen. Dem Menschen erscheint es offenbar logischer, kurze Wörter zu benutzen.

Und vermutlich haben wir uns längst daran gewöhnt, Begriffe aus anderen Sprachen zu übernehmen. Außerdem beginnt der Englischunterricht bereits immer früher, so dass es zur Selbstverständlichkeit wird, diese Sprache zu beherrschen. Je besser uns die Bedeutung der Wörter bekannt ist, desto eher sind wir vielleicht auch bereit, sie zu benutzen.

2. Unterstreiche die Wörter, bei denen ng wie nk klingt.
3. Überlege dir Verwandte, die dir bei der Schreibung helfen.

hängt – hängen
längst – lang Achtung: „Punkt" ist nicht ableitbar

Entscheidung fällen zwischen g und k (inkl. Merkwörter)

Hinweis für den Lehrenden:
Die Übung darf erst angeboten werden, wenn die Merkwörter ausreichend gespeichert werden konnten, da sonst eventuell Verwirrung entstehen könnte.

Wende die gelernten Regeln an und entscheide dich für g oder k.
Achtung: Es kommen auch Merkwörter vor.

Die Klassenfahrt ins Nachbarland – Wahrheit oder Vorurteil?

Angst und bange wird es so manchem deutschen Schüler, wenn er daran denkt, nach Frankreich fahren zu müssen. Meistens bringt man ihn in einer Gastfamilie unter, die ihn mit einer Unmenge von Wangenküssen empfängt. Das Essen besteht aus fünf Gängen, als Hauptspeise werden Froschschenkel gereicht, der Rotwein wird ebenfalls eingeschenkt. Da es den Franzosen in der Regel an Fremdsprachenkenntnissen mangelt, ist der deutsche Schüler gezwungen, Französisch zu sprechen. Allerdings sprechen seine Gastgeber so schnell, dass er sie kaum verstehen kann, es klingt in seinen Ohren wie Kauderwelsch. Zeigt man ihm nach dem Essen seinen Schlafplatz, fängt er bereits in Gedanken an, die Decken zu bezwingen. Er findet nicht das gewohnte Federbett vor, sondern mehrere Wolldecken, deren verschiedene Schichten er erst durchdringen muss, um schlafen zu können.

Tags drauf in der Schule erwarten ihn eventuell ganz neue Sitten: Er muss die Schulbank den ganzen Tag drücken, vom frühen Morgen bis zum späten Nachmittag. Nur am Mittwoch hat er nachmittags frei. Anders als für den deutschen Schüler ist es für den französischen undenkbar, zu spät zu kommen. Unpünktliche Schüler werden von einem Finsterling am Schuleingang aufgehalten, der ihre Namen in ein großes Buch einträgt. Auch die Schulstunden sind länger. Politik und Religion stehen nicht auf dem Lehrplan.

Im Straßenverkehr ist unbedingt zu beachten, dass Franzosen Verkehrsregeln nicht so ganz ernst nehmen, sie fahren gerne auch bei Rot. Wenn man nicht mit einem gebrochenen Bein im Krankenhaus landen möchte, sollte man höllisch aufpassen. Auch Fußgänger nutzen jede Ampel, ob rot oder grün, um die Straße zu überqueren.

Entscheidung fällen zwischen g und k (inkl. Merkwörter)

Hinweis für den Lehrenden:
Die Übung darf erst angeboten werden, wenn die Merkwörter ausreichend gespeichert werden konnten, da sonst eventuell Verwirrung entstehen könnte.

Wende die gelernten Regeln an und entscheide dich für g oder k.
Achtung: Es kommen auch Merkwörter vor.

Zu Besuch bei den Nachbarn – Wahrheit oder Vorurteil?
Kündigt der Lehrer im Französischunterricht an, dass bald eine Klassenfahrt, ein einwöchiger Schüleraustausch, nach Frankreich ansteht, gerät der deutsche Schüler erst einmal in Panik. Denn schließlich bedeutet dies, ins Land des ehemaligen „Erbfeindes" zu fahren, wo das Leben in ungeregelten Bahnen, gänzlich anders als bei uns, verläuft. Die Franzosen sind ein recht arrogantes Volk, das stolz auf seine eigene Sprache und sein Land ist, und wenn man nicht genug französisch sprechen kann, ist man verloren. Grundsätzlich sprechen sie nämlich nur ihre eigene Sprache, die viel schöner klingt als alle anderen Sprachen der Welt zusammen.
Ihren Gewohnheiten muss man sich anpassen, z.B. beginnt der Tag mit einem Croissant, eingetunkt in den Kaffee.
Überhaupt wird der Alltag vom Essen bestimmt. Der Franzose isst immer Baguette, das er in seiner Lieblingsbäckerei kauft und es unter den Arm geklemmt nach Hause trägt, wo er im Kühlschrank große Käsevorräte bunkert. Dazu gibt es Rotwein verschiedenster Sorten. Auf dem Teller fehlen dürfen auch niemals Froschschenkel und Meeresfrüchte.
Der Franzose verbringt also praktisch einen Großteil seines Tages zu Tisch. Man mag denken, dass der Rest des Lebens schneller verläuft, jedoch weit gefehlt. Man pflegt generell ein gemütliches Leben, die Uhr tickt (!) ein bisschen langsamer. Hektisch noch einige Besorgungen im Supermarkt zu machen, ist keine gute Idee, da dieses Unternehmen spätestens an der Kasse zum Scheitern verurteilt ist: Wer drängelt, fällt unangenehm auf und wird gerügt.
In der Schule läuft alles anders bei uns. Ist der Franzose sonst noch so unpünktlich, ist in der Schule die Pünktlichkeit sehr wichtig. Wer zu spät kommt, erhält einen Eintrag. Geschieht dies dauerhaft, fliegt man irgendwann von der Schule. Das ist aber nicht so tragisch, denn es findet sich doch eine andere Lehranstalt, die einen aufnimmt.
Die Straßenverkehrsordnung in Frankreich ist eher ein Angebot und eine Empfehlung als ein Gesetz. Niemand hält sich an die Regeln, bei Rot passiert alles die Straße.

Entscheidung fällen zwischen g und k (inkl. Merkwörter)

Hinweis für den Lehrenden:
Die Übung darf erst angeboten werden, wenn die Merkwörter ausreichend gespeichert werden konnten, da sonst eventuell Verwirrung entstehen könnte.

Wende die gelernten Regeln an und entscheide dich für g oder k.
Achtung: Es kommen auch Merkwörter vor.

Die Klassenfahrt ins Nachbarland – Wahrheit oder Vorurteil?
Der Aufenthalt für einen deutschen Schüler in Fran**k**reich ist immer mit einer großen Vorbereitun**g** verbunden. Auch wenn die beiden Länder dire**k**te Nachbarn sind, ist der kulturelle Unterschied riesi**g**, so dass man wissen muss, was einen erwartet.
In Fran**k**reich verläuft das Leben lan**g**samer. Das beginnt beim Einkauf im Supermar**k**t, beim Warten an der Bushaltestelle oder am Ban**k**automaten. Die Menschen drän**g**eln nicht, sondern lassen sich Zeit, manchmal viel zu lan**g**e. He**k**tisch werden lohnt sich gar nicht, da niemand dies bemer**k**t oder es einfach schlichtwe**g** ignoriert.
Zur Begrüßun**g** pfle**g**t man sich zu küssen, lin**k**s und rechts auf die Wange, dabei kann dies zwischen zwei und vier Küssen variieren und man weiß auch nie, auf welcher Seite man anfän**g**t. Vermieden werden sollte der in Deutschland übliche Handschla**g**, es sei denn in formellen Situationen.
Bei der Bege**g**nung mit der Gastfamilie entstehen die nächsten Probleme: Während der Unterhaltun**g** entde**ck**t (!) man die man**g**elhafte en**g**lische Aussprache: Liebli**ng**sfilme, Schauspieler und Musi**k**richtungen werden pra**k**tisch durchgän**g**i**g** falsch artikuliert – und das zumeist trotz besseren Wissens.
Das Essen in Fran**k**reich ist sehr gewöhnun**g**sbedürfti**g**, grundsätzlich gibt es zum Frühstü**ck** (!) nur Croissants, die in eine große Schale Kaffee oder Kakao getun**k**t werden. Mitta**g**s isst der Franzose selten warm, vielleicht ein bisschen Baguette, aber am Abend gibt es Unmen**g**en an Essen mit mehreren Gän**g**en. Dazu trin**k**t man sehr viel Rotwein.
Generell sind die Franzosen ein patriotisches Völ**k**chen; es wird Wert darauf gele**g**t, dass der Ausländer ihre Sprache spricht. Auch machen sie mer**k**würdi**g**erweise meist in ihrem eigenen Land Urlaub. Besonders gern übernachten sie auf Campin**g**plätzen am Mittelmeer oder am Atlanti**k**. Allenfalls bewe**g**t man sich noch in südlichere Gefilde, da es nördlich des eigenen Landes selbst im Sommer nur Schnee und Eis gibt, so weni**g**stens der Irrglaube.

Entscheidung fällen zwischen g, k und ch (Vertiefen)

Was gehört in die Lücken: g, k oder ch?
Achtung: Auch Merkwörter kommen vor!

Gus Van Sant: Elephant

Der amerikanische Filmregisseur Gus Van Sant greift in seinem Film *Elephant* ein Thema auf, das nicht länger nur in amerikanischen Schulen ein Problem ist, sondern auch bei uns immer aktueller wird. Wirklich aufmerksam geworden sind wir allerdings erst, als am 26. April 2002 in einem Erfurter Gymnasium ein Amoklauf geschah. Wer oder was ist dafür verantwortlich zu machen? Dies wird immer wieder in der Politik und den Medien gefragt, wenn es gilt, einen Schuldigen für die Gewalt an Schulen zu finden. Ist sie ein Produkt mangelnder Erziehung, ist es das Umfeld, sind es die Computerspiele? Lässt sich so einfach eine Lösung finden, wie viele meinen? Ist es nicht ein wenig zu kurz gedacht zu glauben, dass eine Erklärung so offen auf der Hand liegt? Leugnen lässt es sich sicherlich nicht, dass es sich irgendwie um eine in unserer modernen Gesellschaft verankerte Ursache handeln muss.

Gus Van Sant rekonstruiert die Ereignisse des Amoklaufs in der Columbine Highschool nahe Littleton, die im Jahre 1999 alle Welt in Angst und Schrecken versetzten. In seinem Spielfilm geht es nicht um eine Schuldzuweisung, er versucht vielmehr Charaktere zu zeichnen, den Opfern und Tätern ein Gesicht zu geben. Die Handlung spielt, abgesehen von wenigen Rückblenden (!), an einem einzigen Tag in einer Highschool irgendwo in Portland, Oregon. Der Regisseur verfolgt in langsamen Kamerafahrten den Tag eines jeden Schülers, so dass sich die einzelnen Handlungsstränge kreuzen, jedoch die Geschehnisse aus den verschiedenen Perspektiven dargestellt werden.

In der ersten Filmszene wird die Verantwortung für das weitere Geschehen in die Hände der Jugendlichen gelegt: John, der von seinem Vater abgeholt wird, entscheidet sich, an Stelle seines betrunkenen Vaters selbst zu fahren. Von dem Moment an haben die Erwachsenen keinerlei Einfluss mehr auf die Ereignisse. Früh wird deutlich, dass zwei Schüler – Eric und Alex – einen so genanntes „High-School-Shooting“ planen. John, der als einziger die Gefahr bemerkt, kann nicht viel ausrichten. Auch hier setzt sich die Art der Kameraführung fort, langsame, die einzelnen Schüler verfolgende Sequenzen. Mit seinem Film aus dem Jahr 2003 zeichnet Gus Van Sant ein Portrait der Jugendlichen in unserer Gesellschaft, ohne dass er dabei den Zeigefinger erhebt oder anklagt.

Übungen zur Auslautableitung b-d-g

Name:

Gemischte Übung (Lückentext)

Fülle die Lücken aus, wende die gelernten Regeln zu b/p, g/k und d/t an!

Straight-Edge als Gegenkultur zum Pun__

Jugen__kulturen ga__ es schon immer, doch waren sie nie so vielfälti__ und unterschie__li___ wie heute. In der Mitte der 1970er Jahre bildete sich in London und New York die Pun__-Szene heraus, die sich wiederum in verschiedene Bewegun__en aufsplittete. So ist etwa der Hardcore-Pun__ Ende der 1970er en__standen. Bei ihm handel__ es sich um eine härtere, radikalere und schnellere Gan__ar__ des Pun__s.

Innerhal__ der Hardcore-Szene hat sich nochmals eine Gegenkultur – Straight Edge – formiert. Sich gegen den Drogenkonsum richten__, der Bestan__teil der Pun__-Szene war, verzichten ihre Anhän__er auf Drogen, sowohl auf weiche, Taba__ und Alkohol eingeschlossen, als auch auf harte, und auf of__ wechselnde Sexualpartner. Viele von ihnen ernähren sich vegetarisch oder vegan, was jedoch nicht zwin__en__ dazugehör__.

Diese Bewegun__ ist in den frühen 1980er Jahren en__standen, da es sich für minderjährige Szeneangehörige pro__lematisch gestaltete, Konzerte und Partys zu besuchen. Auf Grun__ des Alkoholausschan__s wurden sie nicht eingelassen, so dass sie eine Alternative suchten, um dennoch ihre Lieblin__sban__s sehen zu können: Am Eingan__ wurde ihnen ein X auf den Han__rücken gemal__, wodurch sie als minderjährig erkennbar waren.

Wegweisen__ für die Szene war die Ban__ *Minor Threat*, deren Son__s Ian MacKaye, das Idol der Straight-Edge-Szene, schrie__. In ihnen wurde die Idee des drogenfreien Lebens zum Ausdru___ gebrach__, welche zur Lei__idee der Szene wurde. Man fin__ an, sich ebenfalls ein X auf die Han__ zu malen. Zunächst an der Wes__küste der USA en__standen, breitete sich die Idee bis in den Osten aus. In der Hau__tsta___ wurde das Zeichen a__gewandel__ zum „XXX“, in Anlehnun__ an die Flagge Washingtons.

Leider wurde die Szene zunehmen__ aggressiver, so dass sich Mitte der 1980er Jahre viele Ban__s auflösten. Ers__ in den 1990ern bildete sich eine neue Szene heraus, die den Gedan__en des drogenfreien Lebens um den Vegetarismus erweiterte. Heute gi__t es starke Differenzierungen innerhal__ der Szene, wobei politische Einstellun en und religiöse Tendenzen eine wesentliche Rolle spielen, so dass dies zu einer gewollten A__grenzun__ der Mi__glieder untereinander führ__.

Name:

Wiederholung mit Einzelwörtern im Partnerdiktat

1. **Suche dir für diese Übung einen Partner.**
2. **Diktiert euch gegenseitig jeweils mindestens 30 Wörter mit d, b, g und t, p, k.**
3. **Streicht die Wörter durch, die ihr diktiert habt und die vom Partner richtig geschrieben wurden.**

Auswahl zu ableitbaren Wörtern:
das Pfund, der Goldesel, niemand, der Glückspilz, grundsätzlich, die Lieblingspralinen, das Schiff versinkt, verpflegt, wenigstens, das Kriegsbeil, rückwärts, links, der Privatdetektiv, die Musikanlage, du begegnest, der Bootsanleger, währenddessen, gemütlich, das Brötchen, das Verbotsschild, der Lift, deutlich, die Schlucht, der Feldhase, die Gesundheit, links, der Fremdling, anwesend, anschließend, der Urlaub, die Erlaubnis, die Weltwirtschaftskrise, abends, am entzückendsten, die Entspannung, verständnisvoll, das todschicke Kleid, das Endspiel, das Dynamit, unterschiedlich, seitwärts, Hupkonzert, Tippfehler, der Diebstahl, der Städtebau, der Verwandte, verantwortungslos, das Getränk, der Zank, rank und schlank, der Bankraub, klebrig, unsterblich, die Denkweise, das Erlebnis, du errätst das nie, der Rentner, die Flut, das Verbot, das Ergebnis, das Lob, der Lump, er hupt, der Klebstoff, die Schublade, der Farbtopf, vergilbt, Gedächtnis, furchtbar, der Gestank, es blinkt, dankbar, der Volksentscheid, der Vorhang, es klingt gut, er zwingt sie dazu, allerdings, der Lobgesang, der Korbstuhl, das Gefängnis, die Nahrungskette, der Staubsauger, schlagkräftig, der Geburtstag, der Sargnagel, das Steigeisen, die Erfolgsleiter, das Wundfieber, verschlampt, grundlos, sorgfältig, verwelkt, endlich, er lädt ein, der Heiratsantrag, der Gewichtsverlust, wutschnaubend, übergestülpt, das Flugticket, lügnerisch, die Arglist, unmöglich, kläglich, aufgeregt, das Rindfleisch, der Totschläger, die Sanduhr, zu ihrem Leidwesen, das Fahrrad, vorzüglich, er beschleunigte, die Waagschale, sorgfältig, die Schlagsahne, das Parkhaus, das Lenkrad, das Blinklicht, der Eindringling, er springt runter, der Säugling, anfänglich, trübsinnig, bestrebt, unbeliebt, geschäftlich, krümelig, artgerecht, kraftlos, schädlich, friedlich, der Paketdienst, zeitig, ölig, geizig, eisig, wohlig, förmlich, schrecklich, der Käfig, verstärkt, die Parkuhr, der Schlankheitswahn, der Streik, notwendig, der Breitmaulfrosch, lebhaft, stabförmig, löblich, leibhaftig, der Schraubschlüssel, durchgesiebt, unglaubwürdig, das Missverständnis, die Weiblichkeit, der Treibsand, der Verband, er verschwand, blutrot, der Südwind, der Brotkrümel, der Blindgänger, die Funktion, der Direktor, die Entscheidung, das Brautkleid, der Wettlauf, der Schrottplatz, das Frühstück, am anstrengendsten, windstill, der Zustand, der Erdball, lauthals, beinhart, der Flohmarkt, ausgeklinkt, die Tankstelle

Merkwörter:
ab, ob, hübsch, das Obst, der Herbst, der Krebs, der Knoblauch, die Erbse, das Problem, der Mob (wütende Menschenmenge), der Abt (Geistlicher)

das Haupt, der Schnaps, der Klaps, der Mops, der Klops, der Gips, der Schlips, der Knirps, rülpsen, der Sirup, das Rezept, der Klempner

die Jugend, die Jagd, irgendwie, nirgendwo, niedlich, redlich, sich widmen, die Widmung

antworten, etwas, etliche, das Antlitz, die Witwe

die Angst, der Honig, der Hengst, das Pfingsten, begegnen, leugnen, (sich) ereignen

der Smaragd, die Magd, der Vogt, das Dogma, das Stigma, das Paradigma

der Quark, der Traktor, der Markt, der Keks, der Oktober, der Punkt, das Pik, schlaksig, staksen, piksen

das Diktat, der Direktor, das Produkt, der Instinkt, der Dialekt, das Projekt, der Detektiv, der Konflikt, praktisch

Name:

Informeller Abschlusstest

Lückendiktat: Zeige, was du gelernt hast.

Der erste ________ vom __________ meines Lebens

Eine Familie, fünf Geschichten. Der Regisseur Rémi Bezançon erzählt in seinem Film „C'est la vie – So ist das Leben, so sind wir" die Geschichte(n) einer Familie – Vater, Mutter, zwei Söhne und eine Tochter.

Der Film ist in fünf Episoden ______________, die einen ______________ im Leben eines jeden ________________________ markieren, jeweils an einem einzigen ________ ____________. ______ dem __________ des ältesten Sohnes Albert, ____________________, im Jahr 1988, beginnt der Film; die Familie wird zum ersten Mal ________________. Die nächsten Episoden spielen in den 1990er Jahren bis zur letzten im Jahre 2000. Ein jeder hat _______________, die ihn für sein Leben zeichnen, sie __________ ihn weiter oder werfen ihn auch wieder zurück: der 16. __________________ und das erste Mal von Fleur, der _________ des Großvaters, die ________________ Alberts, die _________________ der Mutter, die _______________ des Vaters.

Jedoch ist jede Episode „Der erste ______ vom _______ meines Lebens", so die ____________________ des französischen Titels, der die ___________________ der ________________________ für die einzelnen Familienmitglieder __________________.

____________ wird an der deutschen „__________________"_________, denn „C'est la vie – So ist das Leben, so sind wir" ___________ eine ______________ andere _____________ beim Zuschauer. Er ___________ die _______________ an einen _______________ fröhlichen Film, der das französische Lebensgefühl in den ____________________ stellt. Doch ist es die Geschichte einer Familie mit allen Höhen und Tiefen des Lebens, ________________ zwischen zum Lachen komisch und ______________ bis hin zu _____________ und zu Tränen ________________.

Rémi Bezançon stammt __________ aus einer großen Familie. Aufgewachsen mit mehreren Geschwistern, möchte er mit seinem Film eine Hommage an die Familie schaffen, dem _____________________ und der Liebe, aber auch den Streitereien und _____________________ _________________. Er hat einen Film produziert, der in _________________ einen großen _______________ __________________ hat und auch beim deutschen Publikum ________ angekommen ist.

Lösungen zur Auslautableitung b-d-g

Gemischte Übung (Lückentext)

Fülle die Lücken aus, wende die gelernten Regeln zu b/p, g/k und d/t an!

Straight-Edge als Gegenkultur zum Pun**k**

Jugen**d**kulturen ga**b** es schon immer, doch waren sie nie so vielfälti**g** und unterschie**dlich** wie heute. In der Mitte der 1970er Jahre bildete sich in London und New York die Pun**k**-Szene heraus, die sich wiederum in verschiedene Bewegun**g**en aufsplittete. So ist etwa der Hardcore Pun**k** Ende der 1970er en**t**standen. Bei ihm handel**t** es sich um eine härtere, radikalere und schnellere Gan**g**ar**t** des Pun**k**s. Innerhal**b** der Hardcore-Szene hat sich nochmals eine Gegenkultur – Straight Edge – formiert. Sich gegen den Drogenkonsum richten**d**, der Bestan**d**teil der Pun**k**-Szene war, verzichten ihre Anhän**g**er auf Drogen, sowohl auf weiche, Taba**k** und Alkohol eingeschlossen, als auch auf harte, und auf o**f**t wechselnde Sexualpartner. Viele von ihnen ernähren sich vegetarisch oder vegan, was jedoch nicht zwin**g**en**d** dazu**g**ehör**t**.

Diese Bewegun**g** ist in den frühen 1980er Jahren en**t**standen, da es sich für minderjährige Szeneangehörige pro**b**lematisch gestaltete, Konzerte und Partys zu besuchen. Auf Grun**d** des Alkoholausschan**k**s wurden sie nicht eingelassen, so dass sie eine Alternative suchten, um dennoch ihre Liebling**s**ban**d**s sehen zu können: Am Einga**ng** wurde ihnen ein X auf den Han**d**rücken gemal**t**, wodurch sie als minderjährig erkennbar waren.

We**g**weisen**d** für die Szene war die Ban**d** *Minor Threat*, deren Son**g**s Ian MacKaye, das Idol der Straight-Edge-Szene, schrie**b**. In ihnen wurde die Idee des drogenfreien Lebens zum Ausdru**ck** **g**ebrach**t**, welche zur Lei**t**idee der Szene wurde. Man fin**g** an, sich ebenfalls ein X auf die Han**d** zu malen. Zunächst an der Wes**t**küste der USA en**t**standen, breitete sich die Idee bis in den Osten aus. In der Hau**p**tsta**dt** wurde das Zeichen a**b**gewandel**t** zum „XXX“, in Anlehnun**g** an die Flagge Washingtons.

Leider wurde die Szene zunehmen**d** aggressiver, so dass sich Mitte der 1980er Jahre viele Ban**d**s auflösten. Ers**t** in den 1990ern bildete sich eine neue Szene heraus, die den Gedan**k**en des drogenfreien Lebens um den Vegetarismus erweiterte. Heute gi**b**t es starke Differenzierungen innerhal**b** der Szene, wobei politische Einstellun**g**en und religiöse Tendenzen eine wesentliche Rolle spielen, so dass dies zu einer gewollten A**b**grenzun**g** der Mit**g**lieder untereinander führ**t**.

Informeller Abschlusstest

Hinweis für den Lehrenden:
Mit diesem Abschlusstest können Sie prüfen, inwieweit beim Schüler die Ableitungsstrategien gefestigt sind. Es geht nicht um Schnelligkeit, sondern darum, sich durch Nachdenken mithilfe der gelernten Regeln auch die noch nicht sicher gespeicherten Wörter selbst zu erschließen.
Wenn Sie es für sinnvoll erachten, können Sie den Text natürlich auch als Volldiktat verwenden.

Lückendiktat

Der erste **Tag** vom **Rest** meines Lebens

Eine Familie, fünf Geschichten. Der Regisseur Rémi Bezançon erzählt in seinem Film „C'est la vie – So ist das Leben, so sind wir" die Geschichte(n) einer Familie – Vater, Mutter, zwei Söhne und eine Tochter. Der Film ist in fünf Episoden **unterteilt,** die einen **Einschnitt** im Leben eines jeden **Familienmitglieds** markieren, jeweils an einem einzigen **Tag spielend**. **Mit** dem **Auszug** des ältesten Sohnes Albert, **Medizinstudent**, im Jahr 1988, beginnt der Film; die Familie wird zum ersten Mal **getrennt**. Die nächsten Episoden spielen in den 1990er Jahren bis zur letzten im Jahre 2000. Ein jeder hat **Erlebnisse**, die ihn für sein Leben zeichnen, sie **bringen** ihn weiter oder werfen ihn auch wieder zurück: der 16. **Geburtstag** und das erste Mal von Fleur, der **Tod** des Großvaters, die **Hochzeit** Alberts, die **Selbstfindung** der Mutter, die **Krankheit** des Vaters.
Jedoch ist jede Episode „Der erste **Tag** vom **Rest** meines Lebens", so die **Übersetzung** des französischen Titels, der die **Bedeutung** der **Handlungsstränge** für die einzelnen Familienmitglieder **hervorhebt**.
Kritik wird an der deutschen **„Übersetzung" geübt,** denn „C'est la vie – So ist das Leben, so sind wir" **erzeugt** eine **völlig** andere **Wirkung** beim Zuschauer. Er **weckt** die **Erwartung** an einen **durchweg** fröhlichen Film, der das französische Lebensgefühl in den **Vordergrund** stellt. Doch ist es die Geschichte einer Familie mit allen Höhen und Tiefen des Lebens, **wechselnd** zwischen zum Lachen komisch und **witzig** bis hin zu **traurig** und zu Tränen **rührend**.
Rémi Bezançon stammt **selbst** aus einer großen Familie. Aufgewachsen mit mehreren Geschwistern, möchte er mit seinem Film eine Hommage an die Familie schaffen, dem **Zusammenhalt** und der Liebe, aber auch den Streitereien und **Missverständnissen gewidmet**. Er hat einen Film produziert, der in **Frankreich** einen großen **Erfolg gefeiert** hat und auch beim deutschen Publikum **gut** angekommen ist.

Übungen zur Auslautableitung s-z

Name:

Problemerkennung und -lösung

Achtung: Nach „l“ und „n“ hört sich „s“ wie /z/ an.
Vergleiche:
die Gan**s** und gan**z**
das Pil**s** und der Pil**z**

1. Bei *Gans* und *ganz* klingen „s“ und „z“ gleich.
Wie kannst du dennoch auf die richtige Schreibung kommen?

____

____

2. Zeige dein Vorgehen an diesen Wörtern!

gan__	
die Gan__	
der Pil__	
der Schwan__	
der Hal__	

3. Bei Verben wird die 2. Person Singular mit -st gebildet.
Das gilt auch dann, wenn sich das „s“ nach „n“ oder „l“ wie ein /z/ anhört!

Lars und seine Freundin Kira sind im Wohnzimmer von Lars' Eltern.
Lars: „________________ (schmollen) du immer noch?“
Kira: (nach kurzem Schweigen) „____________ (holen) du mir ein Eis?“
Lars: „Wenn du dich dann besser ______________ (fühlen). Welche Sorte denn?“
Kira: (springt auf) „Du ______________ (sollen) mir natürlich ein Spaghetti-Eis holen! ______________ (kennen) du mich denn gar nicht?“
Lars: „Es hätte ja sein können, dass du mal etwas anderes möchtest. Und sei nicht mehr sauer auf mich. Es tut mir leid, dass es mit unserem Ausflug nicht geklappt hat.“
Kira: (grinst) „Wenn du jetzt schnell zur Eisdiele ____________ (rennen), dann verzeihe ich dir!“

Name:

Adjektive im Superlativ und Vorsilbe ent- (Seite 1)

Adjektive im Superlativ werden mit der Endung -**sten** gebildet, auch wenn das „s" nach „l" und „n" wie ein /z/ klingt:

voll – voller – am voll**st**en

Nach der Vorsilbe **ent-** können „s" und „z" ebenfalls gleichklingen:

ent**s**ichern, ent**z**wei

1. **Lies den Text auf der nächsten Seite.**
2. **Trage die unterstrichenen Adjektive in die Tabelle ein.**

Grundform	***Komparativ***	***Superlativ***
voll	voller	am vollsten

3. **Schreibe die Grundform der Wörter, die mit der Vorsilbe ent- beginnen, heraus.**
4. **Trenne die Vorsilbe ab und entscheide dann, ob das Restwort mit s oder z beginnt.**

Wort mit Vorsilbe	***Vorsilbe***	***Restwort***
ent_**s**_ichern	ent-	**s**ichern

Name:

Adjektive im Superlativ und Vorsilbe ent- (Seite 2)

Text:

Harry Potter

Als 1997 der erste Harry-Potter-Roman erschien, hätte wohl niemand geglaubt, wie populär die Abenteuer des jungen Zauberers einmal werden würden. Es heißt, dass die Engländerin Joanne K. Rowling ihrem Sohn die Geschichten von Harry Potter vor dem Einschlafen erzählt hat, bis sie von Freunden ermutigt wurde, sie aufzuschreiben.
Heute kennt jeder die Bücher und Filme, in denen der <u>kahle</u> und ent__etzlich böse <u>dunkle</u> Lord seine Diener, die Todesser, ent__endet, um Harry Potter und seine Freunde zu jagen. Doch die sind nicht <u>faul</u>, sondern <u>schnell</u> dabei, seine Pläne zu durchkreuzen.
Aus den ent__ückenden Kindern werden im Laufe der Zeit Jugendliche, so dass eine ganze Generation mit dem anfangs <u>kleinen</u> und <u>schmalen</u> Brillenträger Harry Potter groß geworden ist. Nach über zehn Jahren verfolgen die Zuschauer auf der Kinoleinwand im siebten und letzten Teil der Reihe, wie Harry, Ron und Hermine Voldemorts Horkruxe ent__aubern, um ihm seine Unsterblichkeit zu ent__iehen, und fragen sich, ob der zwielichtige Zauberer Snape den finsteren Mächten doch noch ent__agen wird.
Die Abenteuer von Harry Potter sind bunt und fantastisch. Sie drehen sich um Freundschaft, Liebe und Tod. In der Parallelwelt der Zauberer, die Joanne K. Rowling geschaffen hat, ist alles möglich. Und mit Voldemort und den Todessern, die die Nicht-Zauberer, Muggel genannt, unterdrücken und ihre nicht „reinblütigen" Kinder verfolgen, hat sie ihrem Werk auch einen politischen Anstrich verliehen.

Name:

Ableitungen für Verben mit d und s im Wortstamm

> Vorsicht bei Verben, deren **Stamm** auf **d** oder **t** endet:
> Hier hört man bei der 2. Person Singular /z/,
> obwohl dieser Buchstabe gar nicht vorkommt.

1. **Bilde zu den Lückenwörtern den Infinitiv und trage ihn unten in die Tabelle ein.**
2. **Setze danach ds oder ts in die Lücken des Dialogs ein.**
   Achtung: An einer Stelle wird das d oder t verdoppelt!

Vor dem Schuleingang

Ayse wirft Lars, der auf Krücken kommt, einen bewundernden Blick zu.

Ayse: Hallo Lars! Du gil___t ja jetzt als König der Halfpipe! Verrä___t du mir, wie der Drehsprung geht?

Lars: Du fährst auch Inline?

Ayse: Manchmal. Glaubst du mir das nicht?

Lars (grinst): Für wen häl___t du mich? Natürlich glaube ich dir das.

Lars legt die Krücken aus der Hand.

Ayse: Tut es nicht mehr weh, wenn du mit deinem verletzten Bein auftri___t?

Lars: Kaum noch. Aber wir müssen jetzt rein.

Ayse: Lä___t du mich zu deinem Geburtstag ein?

Lars: Warum nicht?

Mittags treffen sich Lars und Kira vor der Schule.

Lars: Weißt du, wer noch zu meinem Geburtstag kommt? Das errä___t du nie!

Infinitiv		

Name:

Schwierige Ableitungen bei Wörtern mit ds und ts

Hier findest du ds- und ts-Wörter, bei denen die Ableitung schwer zu finden ist. Suche die passenden Paare, schreibe sie auf und präge sie dir ein!

bereiten
rückwärts
jenseitig
fürchten
stets
nirgends
rückwärtig
irgend (Merkwort)
furchtsam
jenseits
stetig
bereits

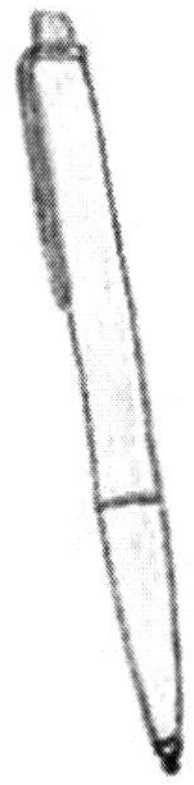

Wort	Ableitung

Name:

Merkwörter mit s nach l und n

Einige Wörter, bei denen das „s“ wie /z/ klingt, kann man nicht sinnvoll ableiten. Lerne sie deshalb auswendig. Viele wirst du sowieso schon kennen.

das Fen**st**er
das Mon**st**er
fin**st**er
un**s**
al**s**
ein**st**
fall**s**
son**st**
morgen**s**
meisten**s**
mindesten**s**
wenigsten**s**
niemal**s**
damal**s**

1. **Schneide dir kleine Zettel aus, die in eine Streichholzschachtel passen.**
- Schreibe die Merkwörter auf die Zettel und hebe diese in der Schachtel auf.
- Beschrifte die Schachtel mit „Merkwörter mit **s** nach **l** und **n**“.
- Nimm die Schachtel für eine Weile überallhin mit und wiederhole die Wörter immer wieder.
- Versuche, die Merkwörter *auswendig* aufzusagen, bis du dies dreimal hintereinander schaffst.

2. **Jetzt ist deine Kreativität gefragt:**
- Schreibe eine kurze Geschichte, in der alle 14 Merkwörter vorkommen.
- Der Titel deiner Geschichte kann zum Beispiel sein: „Das Monster am Fenster“.
- Danach versuche, alle Merkwörter noch einmal auswendig aufzuschreiben.

Name:

Informeller Abschlusstest (Seite 1)

Es geht um S oder Z!

Aufgabe 1: Substantive

a) Wie kannst du bei Substantiven die richtige Schreibung herausfinden?

Antwort: ____

b) Setze die Theorie in die Praxis um:

In vielen deutschen Familien gibt es zu Weihnachten eine gebratene Gan__ als Festmahl.

Dagobert Duck, die reichste Ente der Welt, kriegt den Hal__ nicht voll.

Der Pil__ wird heutzutage eher dem Tierreich als dem Pflanzenreich zugeordnet.

Mittlerweile ist es in vielen europäischen Ländern verboten, den Schwan__ eines Hundes zu kupieren (kupieren = abschneiden, verkürzen).

Aufgabe 2: Adjektive

a) Mit welcher Endung wird der Superlativ von Adjektiven gebildet?

Antwort: ______________

b) Bilde den Superlativ von *faul*, *schnell*, *voll*, *klein*, *schmal* und *fein*.

am ____________________ am ____________________ am ____________________

am ____________________ am ____________________ am ____________________

Aufgabe 3: Verben

a) Wie kannst du bei Verben in der 2. Person Singular die Schreibung herausfinden?

Antwort: ____

b) Setze die Theorie in die Praxis um: Schreibe sechs Wörter deiner Wahl auf, bei denen du in der 2. Person Singular den z-Laut *<u>hörst</u>*.

____

____

Name:

Informeller Abschlusstest (Seite 2)

Aufgabe 4: Fugen-s

a) Wie kannst du herausfinden, ob es sich um ein Fugen-s handelt?

Antwort: ______________________________

b) Bilde die Ableitungen und fülle die Lücken.

Boot__fahrt:	____________	Schied__richter:	____________
Hochzeit__tag:	____________	Ansicht__karte:	____________
Schönheit__schlaf:	____________	Heiterkeit__anfall:	____________

Aufgabe 5: Vorsilbe ent-

a) Wie kannst du dir hier helfen bei der Entscheidung s oder z?

Antwort: ______________________________

b) Was ist richtig: s oder z?

ent__iffern	ent__etzt	ent__agen	ent__ünden	ent__weibrechen
ent__aubern	ent__orgen	ent__aften	ent__ichern	am ent__ückendsten

Aufgabe 6: Komposita (zusammengesetzte Wörter)

a) Wie wird der z-Laut hier geschrieben?

das Pil__gericht	die Schlafen__zeit
die Hal__kette	das Gan__essen
der Hei__kessel	der Gei__kragen
die Leben__zeit	das Himmel__tor
das Mal__bier	die Situation__komik

Aufgabe 7: Wie viele Merkwörter mit „s“ nach „n“ oder „l“ fallen dir noch ein?

____

____

____

____

Lösungen zur Auslautableitung s-z

Problemerkennung und -lösung

Hinweis für den Lehrenden:

Bei einigen Verben wird das „s" der Endung „-st" bei der zweiten Person Singular getilgt, und zwar dann, wenn am Ende des Wortstamms /s/ zu hören ist, also bei s, ss, ß, x oder z. Beispiele:

le**s**en → du lie**st**
pra**ss**en → du pras**st**
bei**ß**en → du bei**ßt**
hei**z**en → du heiz**t**
mi**x**en → du mix**t**

Aber: waschen → du wäsch**st** dich

Normalerweise schreiben die Kinder hier unbewusst richtig. Wenn der Fokus aber explizit auf die Unterscheidung zwischen s und z gelegt wird, könnten diesbezüglich Fragen auftauchen.

**1. Bei *Gans* und *ganz* klingen „s" und „z" gleich.
Wie kannst du dennoch auf die richtige Schreibung kommen?**

Mögliche Antwort:
Indem du Ableitungen suchst, bei denen man den richtigen Buchstaben hört:
ganz → ein ganzer Kerl; die Gans → die Gänse

2. Zeige dein Vorgehen an diesen Wörtern!

gan**z**	ein gan-**z**er Kerl
die Gan**s**	die Gän-**s**e
der Pil**z**	die Pi-l**z**e
der Schwan**z**	die Schwän-**z**e
der Hal**s**	die Häl-**s**e

**3. Bei Verben wird die 2. Person Singular mit -st gebildet.
Das gilt auch dann, wenn sich das „s" nach „n" oder „l" wie ein /z/ anhört!**

Lars und seine Freundin Kira sind im Wohnzimmer von Lars' Eltern.

Lars: „Schmoll**st** (schmollen) du immer noch?"

Kira: (nach kurzem Schweigen) „Hol**st** (holen) du mir ein Eis?"

Lars: „Wenn du dich dann besser fühl**st** (fühlen). Welche Sorte denn?"

Kira: (springt auf) „Du soll**st** (sollen) mir natürlich ein Spaghetti-Eis holen! Kenn**st** (kennen) du mich denn gar nicht?"

Lars: „Es hätte ja sein können, dass du mal etwas anderes möchtest. Und sei nicht mehr sauer auf mich. Es tut mir leid, dass es mit unserem Ausflug nicht geklappt hat."

Kira: (grinst) „Wenn du jetzt schnell zur Eisdiele renn**st**, dann verzeihe ich dir!"

Adjektive im Superlativ und Vorsilbe ent-

1. **Lies den Text auf der nächsten Seite.**
2. **Trage die unterstrichenen Adjektive in die Tabelle ein.**

Grundform	Komparativ	Superlativ
kahl	kahler	am kahl**st**en
dunkel	dunkler	am dunkel**st**en
faul	fauler	am faul**st**en
schnell	schneller	am schnell**st**en
klein	kleiner	am klein**st**en
schmal	schmaler	am schmal**st**en

3. **Schreibe die Grundform der Wörter, die mit der Vorsilbe ent- beginnen, heraus.**

4. **Trenne die Vorsilbe ab und entscheide dann, ob das Restwort mit s oder z beginnt.**

Wort mit Vorsilbe	Vorsilbe	Restwort
entsetzlich	ent-	-**s**etzlich
entsenden	ent-	-**s**enden
entzückend	ent-	-**z**ückend
entzaubern	ent-	-**z**aubern
entziehen	ent-	-**z**iehen
entsagen	ent-	-**s**agen

Ableitungen für Verben mit d und s im Wortstamm

1. **Bilde zu den Lückenwörtern den Infinitiv und trage ihn in die Tabelle ein.**
2. **Setze danach ds oder ts ein.**
   Achtung: An einer Stelle wird das d oder t verdoppelt!

Vor dem Schuleingang
Ayse wirft Lars, der auf Krücken kommt, einen bewundernden Blick zu.
Ayse: Hallo Lars! Du gil**ts**t ja jetzt als König der Halfpipe! Verrä**ts**t du mir, wie der Drehsprung geht?
Lars: Du fährst auch Inline?
Ayse: Manchmal. Glaubst du mir das nicht?
Lars (grinst): Für wen häl**ts**t du mich? Natürlich glaube ich dir das.
Lars legt die Krücken aus der Hand.
Ayse: Tut es nicht mehr weh, wenn du mit deinem verletzten Bein auftri**tts**t?
Lars: Kaum noch. Aber wir müssen jetzt rein.
Ayse: Lä**ds**t du mich zu deinem Geburtstag ein?
Lars: Warum nicht?
Mittags treffen sich Lars und Kira vor der Schule.
Lars: Weißt du, wer noch zu meinem Geburtstag kommt? Das errä**ts**t du nie!

Infinitiv		
gelten	verraten	halten
auftreten	laden	erraten

Schwierige Ableitungen bei Wörtern mit ds und ts

Hier findest du ds- und ts-Wörter, bei denen die Ableitung schwer zu finden ist.
Suche die passenden Paare, schreibe sie auf und präge sie dir ein!

Wort	Ableitung
bereits	bereiten
jenseits	jenseitig
stets	stetig
furchtsam	fürchten
rückwärts (siehe auch vorwärts, seitwärts)	rückwärtig
nirgends	irgend (Merkwort)

Informeller Abschlusstest

Aufgabe 1: Substantive

a) Wie kannst du bei Substantiven die richtige Schreibung herausfinden?

Antwort: Ich bilde die Mehrzahl, so dass der z-Laut am Anfang der zweiten Silbe steht.

b) Setze die Theorie in die Praxis um:

In vielen deutschen Familien gibt es zu Weihnachten eine gebratene Gan**s** als Festmahl.
Dagobert Duck, die reichste Ente der Welt, kriegt den Hal**s** nicht voll.
Der Pil**z** wird heutzutage eher dem Tierreich als dem Pflanzenreich zugeordnet.
Mittlerweile ist es in vielen europäischen Ländern verboten, den Schwan**z** eines Hundes zu kupieren

Aufgabe 2: Adjektive

a) Mit welcher Endung wird der Superlativ von Adjektiven gebildet?

Antwort: -sten

b) Bilde den Superlativ von *faul*, *schnell*, *voll*, *klein*, *schmal* und *fein*.

am faulsten	am schnellsten	am vollsten
am kleinsten	am schmalsten	am feinsten

Aufgabe 3: Verben

a) Wie kannst du bei Verben in der 2. Person Singular die Schreibung herausfinden?

Antwort: Ich bilde den Infinitiv (die Grundform) und prüfe, welcher Laut am Ende des Wortstamms steht. Daran hänge ich die Personalendung -st an.

b) Setze die Theorie in die Praxis um: Schreibe sechs Wörter deiner Wahl auf, bei denen du in der 2. Person Singular den z-Laut *hörst*.

Mögliche Antworten: du holst, du sollst, du schälst, du rennst, du hältst, du lädst, du errätst usw.

Aufgabe 4: Fugen-s

a) Wie kannst du herausfinden, ob es sich um ein Fugen-s handelt?

Mögliche Antwort: Ich trenne das Wort in seine einzelnen Teile und prüfe, welcher Laut am Ende des ersten Wortes zu hören ist.

b) Bilde die Ableitungen und fülle die Lücken.

Boot**s**fahrt:	Boo**t**	Schied**s**richter:	Schie**d**-, von „scheiden“
Hochzeit**s**tag:	Hochzei**t**	Ansicht**s**karte:	Ansich**t**
Schönheit**s**schlaf:	Schönhei**t**	Heiterkeit**s**anfall:	Heiterkei**t**

Aufgabe 5: Vorsilbe ent-

a) Wie kannst du dir hier helfen bei der Entscheidung s oder z?

Mögliche Antwort: Ich trenne das Wort in die Vorsilbe und das Grundwort. Wenn das Grundwort mit /s/ beginnt, schreibe ich „s“; fängt es mit /z/ an, schreibe ich „z“.

b) Was ist richtig: s oder z?

ent**z**iffern	ent**s**etzt	ent**s**agen	ent**z**ünden	ent**z**weibrechen
ent**z**aubern	ent**s**orgen	ent**s**aften	ent**s**ichern	am ent**z**ückendsten

Aufgabe 6: Komposita (zusammengesetzte Wörter)

a) Wie wird der z-Laut hier geschrieben?

das Pil**z**gericht	die Schlafen**s**zeit
die Hal**s**kette	das Gan**s**essen
der Hei**z**kessel	der Gei**z**kragen
die Leben**s**zeit	das Himmel**s**tor
das Mal**z**bier	die Situation**s**komik

Aufgabe 7: Wie viele Merkwörter mit „s“ nach „n“ oder „l“ fallen dir noch ein?

Vergleiche dein Ergebnis mit den Listen in den Arbeitsblättern.

Themenhefte
Der Rechtschreib-Lehrgang für die Klassen 5 und 6
Kopiervorlagen, didaktische Grundlagen, Unterrichtsempfehlungen

Zur **Sicherheit in der Rechtschreibung** verhelfen? Dabei unterstützt dieser strukturierte, einheitliche Rechtschreiblehrgang für die Klassen 5 und 6. Lehrer, Förderkräfte und Eltern finden hier alles, um die zentralen Prinzipien der Orthographie zu vermitteln.
Die Schüler werden dazu angeregt, das „Wie" und „Warum" zu erforschen, um auf diese Weise einen souveränen Zugang zu Sprache und Schrift zu gewinnen und ihre Strategien zu optimieren.

Besonderer Wert wird auf das **eigenständige** wie auch **gemeinschaftliche Lernen** gelegt.

Motto:
Erforschen, verstehen, üben

Einsatz:
- Zur Einführung in einen bestimmten Themenbereich
- Für die Arbeit an Fehlerschwerpunkten mit der ganzen Klasse
- Für das ergänzende Üben zuhause oder in Fördergruppen
- In Kombination mit den individuellen Lernserver-Materialien

Aufbau und Inhalt:
- Grundlegende Erklärungen zu den orthographischen Prinzipien
- Vorschläge zur Themeneinführung im Unterricht
- Kopiermaterial: Übungen und Spiele, die sinnvoll aufeinander aufbauen und abwechslungsreich gestaltet sind
- Hinweise zur Didaktik für den Lehrenden
- Lösungen für die Partnerarbeit und zur Selbstkontrolle

Es liegen Themenhefte zu diesen Rechtschreibbereichen vor:

Themenheft 1: **au-äu**
Was ist richtig: eu oder äu? Genaues Hinhören ist keine Lösung, denn „eu" und „äu" sind akustisch nicht zu unterscheiden. Was tun? Die Ableitungsregeln geben Sicherheit.
Best.-Nr. 48303 **€ 14,80**

Themenheft 2: **a-ä**
Kurz gesprochen klingen e und ä völlig gleich: *Klemme* und *Kämme*. Mithilfe von Wortverwandten kann die korrekte Schreibung problemlos ermittelt werden.
Best.-Nr. 48323 **€ 14,80**

Themenheft 3: **Auslautableitung**
Am Silbenende sprechen wir die Plosivlaute d, b, g „hart" aus, so dass sie wie t, p und k klingen. Durch das Hören allein kann man also nicht herausfinden, ob „furchdbar" oder „furchtbar" geschrieben wird. Doch der Trick mit der Ableitung bringt schnell Licht ins Dunkel: *furchtbar* kommt von *fürchten* – hier ist der Lautunterschied wieder hörbar.
Best.-Nr. 48324 **€ 16,80**

Themenheft 4: **Betonung**
Der Betonungsgipfel eines Wortes ist der Dreh- und Angelpunkt für orthographische Stolperfallen wie Konsonantendopplung, Dehnung oder s-Laut. Hat ein Kind den betonten Vokal und seine Klangqualität erkannt, wird es die Schreibung der Wörter sicher erschließen können.
Best.-Nr. 48325 **€ 14,80**

Themenheft 5: **Dopplung**
Wo und wann müssen doppelte Konsonanten geschrieben werden? Mit dem reinen Abhören der einzelnen Laute eines Wortes kommt man bei dieser Frage nicht weiter, denn zwischen einem einfachen und einem doppelten Konsonanten ist kein akustischer Unterschied erkennbar. Wichtig ist vielmehr das Verständnis für das orthographische Prinzip, dass nur nach einem kurzen betonten Vokal eine Dopplung möglich ist.
Best.-Nr. 48326 **€ 18,80**

Themenheft 6: **S-Laute**
Die Frage, ob s, ss oder ß richtig ist, bringt nicht nur Schüler ins Schwitzen. Das muss nicht sein: Mithilfe weniger Regeln und ein bisschen Üben kann jeder lernen, sich die Schreibung aller Wörter selbst herzuleiten.
Best.-Nr. 48327 **€ 16,80**

Themenheft 7: **Dehnung**
Der Bereich „Dehnung" ist eines der schwierigsten Kapitel der deutschen Rechtschreibung und eine der häufigsten Fehlerquellen in Diktaten. Warum ist in *Sohn* ein h, in *Ton* aber keines? Wieso wird *leer* mit ee geschrieben, der *Lehrer* aber mit h? Was ist ein Silben-h? Mithilfe strukturierter und sinnvoll aufeinander abgestimmter Übungen wird schrittweise das Thema Dehnung für jeden durchschaubar gemacht.
Best.-Nr. 48328 **€ 18,80**

Themenheft 8: **Der lange i-Laut**
Tier, wir, ihr, es zieht – das sind vier verschiedene Schreibweisen für denselben Laut! Wie soll man da als Schüler immer wissen, welcher der richtige ist? Strukturierte Übungen, die auch das „Warum" aufdecken, bringen Übersicht und Ordnung in das vermeintliche Chaos.
Best.-Nr. 48329 **€ 14,80**

Themenheft 9: **Groß-Kleinschreibung**
Groß oder klein? Das ist nicht immer leicht herauszufinden, denn gängige Eselsbrücken wie die Artikelprobe führen leider häufig in die Irre. Auch das Wissen um die einzelnen Wortarten reicht oft nicht aus, um eine eindeutige Entscheidung zu treffen – alle Wortarten können großgeschrieben werden, es kommt nur darauf an, welche Funktion sie im Satz einnehmen.
Best.-Nr. 48330 **€ 18,80**

Was Eltern brauchen, um ihr Kind selbst zu fördern

Schritt 1	Schritt 2	Schritt 3
Test & Diagnose der individuellen Rechtschreibfähigkeiten	**Auswertung** Erstellung des Leistungsprofils und eines maßgeschneiderten Förderplans	**Individuelle Fördermaterialien für zuhause** abgestimmte Übungen, Spiele, Erklärungen

Schritt 1: Test und Diagnose

Hierzu richten Sie sich zunächst unter portal.lernserver.de Ihr persönliches Lernserver-Portal ein. Das Elternpaket enthält fünf altersgerechte Testbögen, aus denen Sie einfach den richtigen Test für Ihr Kind auswählen. Ein Beispiel: Teststufe 2/3 ist für Mitte Klasse 2 bis Mitte Klasse 3 geeignet.
Den Test (ein Lückendiktat) führen Sie mit Ihrem Kind zuhause durch.

Schritt 2: Auswertung und individuelle Förderung

Sie geben die Testergebnisse Ihres Kindes in Ihr Elternportal ein. Diese werden elektronisch an die Uni Münster übermittelt. Hierbei authentifizieren Sie sich über die Eingabe des Codes, der Ihrem Elternpaket beiliegt.
Nach der computergestützten und durch Förderexperten abgesicherten Auswertung wird ein individueller Förderplan erstellt. Wahlweise können Sie (gegen eine Gebühr) die Testergebnisse auch vom Team des Lernservers eingeben lassen. Dazu senden Sie uns den ausgefüllten Testbogen bitte per Post zu.

Schritt 3: Erstellung der passgenauen Fördermaterialien

Aus unseren mehr als 8.000 fröhlich illustrierten Arbeitsblättern werden punktgenau die Materialien ausgewählt, die Ihrem Kind einen optimalen Lernfortschritt ermöglichen. Die Übungen sorgen für Lernspaß und sind alle mit einem Lösungsblatt versehen. Zahlreiche wertvolle Anregungen helfen Eltern oder Förderkräften, dem Kind die bestmögliche Unterstützung zukommen zu lassen.

Förderung zuhause
Wir stellen Ihnen Diagnoseergebnisse und Arbeitsunterlagen über das Internet in Form von PDF-Dokumenten zur Verfügung (Elternpaket Basis/Download). Auf Wunsch erhalten Sie diese in Form eines individuellen Förderbuchs (Elternpaket Premium). Die Materialien sind in didaktisch sinnvolle Portionen unterteilt und auf einen Förderzeitraum von ca. einem Jahr ausgelegt.